Sabine Klatt

Predigtsammlung

Sabine Klatt

Predigtsammlung

Mit Gottes Wort durch das Jahr

Fromm Verlag

Impressum/Imprint (nur für Deutschland/ only for Germany)
Bibliografische Information der Deutschen Nationalbibliothek: Die Deutsche Nationalbibliothek verzeichnet diese Publikation in der Deutschen Nationalbibliografie; detaillierte bibliografische Daten sind im Internet über http://dnb.d-nb.de abrufbar.

Coverbild: www.ingimage.com

Contact:
International Book Market Service Ltd., 17 Rue Meldrum, Beau Bassin, 1713-01 Mauritius
Website: www.bookmarketservice.com
Email: info@bookmarketservice.com

Gedruckt in: USA, UK, Deutschland. Dieses Buch wurde nicht in Mauritius produziert.

Imprint (only for USA, GB)
Bibliographic information published by the Deutsche Nationalbibliothek: The Deutsche Nationalbibliothek lists this publication in the Deutsche Nationalbibliografie; detailed bibliographic data are available in the Internet at http://dnb.d-nb.de.

Cover image: www.ingimage.com

Contact:
International Book Market Service Ltd., 17 Rue Meldrum, Beau Bassin, 1713-01 Mauritius
Website: www.bookmarketservice.com
Email: info@bookmarketservice.com

Printed in: U.S.A., U.K., Germany. This book was not produced in Mauritius.

ISBN: 978-3-8416-0189-6

Inhaltsverzeichnis

1. Advent Lied-Predigt *„Macht hoch die Tür" (EG 1)*

Liebe Gemeinde,

mit dem ersten Sonntag im Advent beginnt ein neues Kirchenjahr. Mit dem Lied *„Macht hoch die Tür"* beginnt unser Gesangbuch und es ist das Leitlied für die Adventszeit.

Lasst uns dieses vertraute Lied gemeinsam singen und auf den Text hören, so als wäre es das erste Mal. Es steht im Gesangbuch unter der Nummer 1. Wir singen zunächst die erste Strophe:

Macht hoch die Tür, die Tor macht weit, es kommt der Herr der Herrlichkeit, ein König aller Königreich, en Heiland aller Welt zugleich, der Heil und Leben mit sich bringt; derhalben jauchzt, mit Freuden sind: Gelobet sei mein Gott, mein Schöpfer reich von Rat.

Liebe Schwestern und Brüder,

erinnern Sie sich noch an Ihren ersten Adventskalender? Ich sehe meinen noch ganz genau vor mir: Meinen ersten, so Mitte der 60er Jahre, nur zwei aufeinander geklebte Pappen, manchmal so lose zusammengeklebt, dass man von oben hineinspicken konnte. Auf dem Deckblatt ein großes Bild, eine heimelige Winterlandschaft, und 23 kleine Türchen und ein größeres, für den Heiligabend. Und hinter den Türchen kleine Bilder: Schaukelpferd oder Nussknacker, Brummkreisel oder Teddybär, Trommel oder Pfeffernüsse. Das waren Bilder, die in den 60'er Jahren schon nicht mehr so ganz aktuell waren, aber sie nährten in mir dennoch irgendwie die Hoffnung auf Weihnachtsgeschenke. Und das große Türchen am Heiligabend erinnerte an das, was das Eigentliche an Weihnachten sein sollte - so sagte meine Mutter. Hinter dem 24. Türchen war immer eine Krippenszene, die Geburt Jesu. Adventskalender – eine feine Sache, ein Türchen öffnen und schon bist Du wieder ein bisschen näher an Weihnachten dran. Für mich war das als Kind fast so etwas wie eine „heilige Handlung" an jedem Dezembermorgen. Es verband sich für mich unbewusst mit dem Lied *„Macht hoch die Tür, die Tor macht weit",* Tür und Tor – das waren natürlich meine Adventskalendertürchen. „Es kommt der Herr der Herrlichkeit." Worte, die Vorfreude weckten auf den Heiligabend, wenn das Wohnzimmer erstrahlte im Glanz des Weihnachtsbaumes.

Der Liederdichter Georg Weissel aus Königsberg, der diese Verse im Advent 1623 geschrieben hat, hatte ganz anderes vor Augen. Denn zu seiner Zeit, vor fast 400 Jahren, gab es weder Adventskalender noch Weihnachtsbäume. Er hatte eine Kirchentür vor Augen, die Tür der neuerbauten Altroßgärter Kirche in Königsberg. Für die Einweihung dieser Kirche schrieb Georg Weissel sein Lied. Am 2. Advent 1623 öffneten sich die Türen der Kirche, für die neue Gemeinde und für Weissel als ihr neuer Pfarrer. Es war seine erste Pfarrstelle an der neuerbauten Kirche – was für ein Tag!

„Macht hoch die Tür …“

Weissel greift in seinem Lied die alten biblischen Texte für den 1. Advent auf, in denen es, passend zur Eröffnung einer neuen Kirche, um das Öffnen von Türen geht, vor allem den Adventspsalm, Psalm 24, den wir vorhin gebetet haben.

„Machet die Tore weit“ - Mit diesen Worten wurden in altisraelitischer Zeit in Jerusalem die Tore des Tempels geöffnet und die Bundeslade mit den Tafeln der 10 Gebote in den Tempel getragen. Die Bundeslade, der Thron des unsichtbaren Gottes, der in seinem Wort ganz nahe ist, hielt Einzug im Tempel. Bedenkt man dies, so kann man verstehen, wenn Georg Weissel seinen Liedtext für die Einweihung seiner Pfarrkirche schrieb. Der Tempel, die Kirche, sie sind der Ort, an dem die Gemeinde den Advent, das Kommen Gottes, seinen Einzug, feiert. Die Tempel- oder Kirchentüren können für den einziehenden Gott nicht „hoch“ und „weit“ genug sein. Das Gefühl der Enge darf auf gar keinen Fall aufkommen. Der Einziehende soll spüren: ich bin eingeladen, ich werde erwartet und bin willkommen.

Macht hoch die Tür, die Tor macht weit, es kommt der Herr der Herrlichkeit...

In der ersten Strophe fallen die vielfältigen Umschreibungen für Gott auf: *- der Herr der Herrlichkeit, - ein König aller Königreich, - ein Heiland aller Welt zugleich, - der Heil und Leben mit sich bringt.*

Georg Weissel greift das im Psalm gebrauchte Bild vom König auf. Ein König, wenn er seine eigentliche Aufgabe wahrnimmt, sorgt für sein Volk, er regiert weise und achtsam. Seine Autorität besteht gerade darin, dass er nicht sein eigenes Ansehen, sondern das der ihm anvertrauten Menschen vermehrt - nur dadurch hat er besonderes „Gewicht“ , besondere „Herrlichkeit“. So ist er ein „*Heiland aller Welt*“, d. h. ein Retter, der die Menschen vor Schaden bewahren will. Er bringt ihnen, wonach sich alle sehnen: „*Heil und Leben*“, das bedeutet keine heile Welt, aber die Möglichkeit zu Friede, Leben ohne Enge, in dem ich atmen und frei sein kann. *Heiland* bzw. *Retter* und *König* werden später Ehrennamen für Jesus von Nazareth. *„Gelobet sei mein Gott...“* Ja, dafür ist Grund, Gott, der dein und mein Gott sein will, zu danken und ihm froh zu singen. Dazu ruft der Liederdichter auf. Er will uns einstimmen, Gott den Schöpfer allen Lebens, bei dem wir immer gut beraten sind, erwartungsvoll zu empfangen.

Wir singen die 2. und 3. Strophe:

Er ist gerecht, ein Helfer wert; Sanftmütigkeit ist sein Gefährt, sein Königskron ist Heiligkeit, sein Zepter ist Barmherzigkeit; all unsre Not zum End er bringt, derhalben jauchzt, mit Freuden singt: Gelobet sei mein Gott, mein Heiland groß von Tat.

O wohl dem Land, o wohl der Stadt, so diesen König bei sich hat. Wohl allen Herzen insgemein, da dieser König ziehet ein. Er ist die rechte Freudensonn, bringt mit sich lauter Freud und Wonn. Gelobet sei mein Gott, mein Tröster früh und spat.

In der 2. Strophe entfaltet der Liederdichter das Bild vom König, mit dem er das Wesen und Handeln Gottes veranschaulicht: Gott ist ein Gott für die Menschen. Gerechtigkeit, für andere da sein, sanftmütiger, geduldiger Umgang mit ihnen und ihnen in und aus der Not helfen – all dies zeichnet Gott aus, der ein heilender, rettender und tatkräftig handelnder Gott ist. Seine Machtinsignien - Krone, Zepter und „Gefährt", d. h. sein Streitwagen - sind nicht bedrohlich für die Menschen, sondern stehen im Dienst ihres Schutzes. Wieder klingt mit dem Wort „Heiland" wie schon in der 1. Strophe der Name Jesus an. Der hebräische Name für Jesus bedeutet: Gott hilft, rettet, heilt. Diesem Gott soll dein und mein Singen gelten. *„O wohl dem Land, o wohl der Stadt, so diesen König bei sich hat..."* Klingt es hier in der 3. Strophe nicht wie eine Gratulation? Einem Land, einer Stadt, die einen solchen König bei sich hat - , kann man nur gratulieren! Da geht es den Menschen gut, sie lernen mit dem Herzen sehen. Da geht die Weihnachtssonne auf.
„Er ist die rechte Freudensonn, bringt mit sich lauter Freud und Wonn." Seit die Christen im alten Rom im 4. Jahrhundert die Geburt Jesu auf das altrömische Fest ihres Sonnengottes und die Tage der Wintersonnenwende legten, wurde das immer wieder besungen, Christus, das Licht, die Sonne.
„Er ist die rechte Freudensonn ..."- So stimmt dieses Lied auf Weihnachten ein. So führt es auf Weihnachten zu, damit der König der Barmherzigkeit auch bei uns einzieht, damit auch bei uns die Freudensonne aufgeht, und wir selber, bestrahlt von dieser Weihnachtssonne, licht werden.
Wir singen die 4. + 5. Strophe:
Macht hoch die Tür, die Tor macht weit, eu'r Herz zum Tempel zubereit'. Die Zweiglein der Gottseligkeit steckt auf mit Andacht, Lust und Freud; so kommt der König auch zu euch, ja, Heil und Leben mit zugleich. Gelobet sei mein Gott, voll rat, voll Tat, voll Gnad.

Komm, o mein Heiland Jesu Christ, meins Herzens Tür dir offen ist. Ach zieh mit deiner Gnade ein; dein Freundlichkeit auch uns erschein. Dein Heilger Geist uns führ und leit den Weg zur ewgen Seligkeit. Dem Namen dein, o Herr, sei ewig Preis und Ehr.

Die 4. Strophe nimmt noch einmal den Anfang der ersten auf:
„Macht hoch die Tür, die Tor macht weit", - jetzt aber ist es ein Aufruf im übertragenen Sinn: Es geht um das weite Öffnen unserer Herzenstür, um das innere Sich-Einstellen auf Gott, der auch in meinem Herzen, in und bei mir, Einzug halten, zu mir kommen will. Ich selbst soll ein Tempel sein, ein Haus für Gott. Bei der Ausarbeitung sind mir Worte des Apostels Paulus eingefallen und ich

überlege, ob sie Georg Weissel auch in den Sinn kamen, als er diese Strophe schrieb: Paulus sagt: *„Wisst ihr nicht, dass euer Leib ein Tempel des Heiligen Geistes ist, der in euch ist und den ihr von Gott habt?“* (1. Korinther 6, 19). Ich selbst soll ein Tempel sein, ein Haus für Gott. Und dieses innere Haus zu schmücken, fordert uns Georg Weissel auf. Mit den *„Zweiglein der Gottseligkeit“* sollen wir es ausschmücken, sie sind ein Bild für den Glauben. Glaube ist das eigentlich tragende Thema des Liedes, Glaube an den, der seinen Einzug bei uns halten will. Die *„Zweiglein der Gottseligkeit“* erinnern an die Palmzweige, mit denen die Leute Jesus voll Freude bei seinem Einzug in Jerusalem begrüßt haben. Wir hörten vorhin davon im Evangelium nach Matthäus. Auch wir sollen ihn mit gleicher Freude, mit gleicher „Lust“, mit gleichem Jubel empfangen. Wenn wir bereit sind, dann kann der König zu uns kommen, und unser Sehnen und Hoffen geht in Erfüllung.

In der 5. Strophe wird das Bild des Königs verlassen und der andere Titel gewählt, der aber bereits in den ersten beiden Strophen anklingt. Zudem wechselt die Sprachform in ein Gebet: *„Komm, o mein Heiland Jesu Christ, mein's Herzens Tür dir offen ist“.* Zu ihm wird ein persönliche Beziehung aufgebaut, es geht um „mein Herz“. In Jesu Leben und Handeln spiegelt sich das Leben und Handeln Gottes. Jesus entspricht Seinem Willen. Georg Weissel lässt uns singend mitbeten, denn: Gottes in Jesus von Nazareth wirkende Gnade sollen auch andere Menschen, die Gemeinde, alle Welt, wir hier in Hassenhausen, erfahren. Dass solche Bitte alle Menschen meint, zeigen die Worte *„dein Heilger Geist uns führ und leit“.* Mit dem Liederdichter bitten wir um Gottes Heiligen Geist, dass er uns führe und leite auf dem Weg zu einem Leben, das in Gott geborgen ist. Es leuchtet jetzt schon gegen alles Dunkle in der Welt. Gottes Advent, sein Kommen, ist ausgerufen, auch über deinem und meinem Leben. Dafür lohnt es sich, die Türen hoch und die Tore weit zu machen – und unsere Herzen sowieso.

Und der Friede Gottes, der höher ist als all unsere Vernunft, bewahre darum unsere Herzen und Sinne in Christus, Jesus.
Amen.

2. Advent: Predigttext Offenbarung 3, 7-8 + 10-13

Liebe Gemeinde,

wir haben uns zum Gottesdienst versammelt: Mitten im Advent eine Stunde der Ruhe, der Besinnung. Dem Einen oder Anderen von Ihnen tut es vielleicht gut, einmal ein wenig inne zu halten zwischen Weihnachtsfeiern und Weihnachtsvorbereitungen. Sich wenigstens einmal für eine Stunde den Kopf frei zu machen von den Dingen, die auch in diesem Jahr wieder in der Vorbereitung auf das Fest erledigt sein wollen. Wieder andere stellen vielleicht ganz bewusst ihren Weihnachtsvorbereitungen das Hören auf das Wort Gottes voran. Wir erleben vieles in dieser Zeit. Gerade die Adventszeit thematisiert das Kommen des HERRN – und nicht die Weihnacht. Wir leben in der Erwartung des HERRN und erleben gerade darum den Zerfall seiner Gemeinde recht schmerzhaft. Wir erleben wie immer mehr alles in Beliebigkeit gestellt wird: Was erwarten wir eigentlich von dem, der da kommen soll? Was erwarten wir eigentlich von diesem Kind in der Krippe? Was erwarten wir eigentlich von uns, wenn wir an Geburt und Wiederkunft Christi glauben? Diese Fragen sind uralt und darum schreibt der Seher Johannes von seiner Vision von einem Brief an die Gemeinden in Philadelphia. Ich lese den Predigttext aus dem Buch der Offenbarung (3, 7-8, 10-13):

7 Und dem Engel der Gemeinde in "Philadelphia" schreibe: Das sagt der Heilige, der Wahrhaftige, der da hat den Schlüssel Davids, der auftut, und niemand schließt zu, der zuschließt, und niemand tut auf:
8 Ich kenne deine Werke. Siehe, ich habe vor dir eine Tür aufgetan und niemand kann sie zuschließen; denn du hast eine kleine Kraft und hast mein Wort bewahrt und hast meinen Namen nicht verleugnet.
9 Siehe, ich werde schicken einige aus der Synagoge des Satans, die sagen, sie seien Juden und sind's nicht, sondern lügen; siehe, ich will sie dazu bringen, dass sie kommen sollen und zu deinen Füßen niederfallen und erkennen, dass ich dich geliebt habe.
10 Weil du mein Wort von der Geduld bewahrt hast, will auch ich dich bewahren vor der Stunde der Versuchung, die kommen wird über den ganzen Weltkreis, zu versuchen, die auf Erden wohnen.
11 Siehe, ich komme bald; halte, was du hast, dass niemand deine Krone nehme!
12 Wer überwindet, den will ich machen zum Pfeiler in dem Tempel meines Gottes, und er soll nicht mehr hinausgehen, und ich will auf ihn schreiben den Namen meines Gottes und den Namen des neuen Jerusalem, der Stadt meines Gottes, die vom Himmel herniederkommt von meinem Gott, und meinen Namen, den neuen.
13 Wer Ohren hat, der höre, was der Geist den Gemeinden sagt!

Gott, sprich zu uns. Gib uns deine Liebe ins Herz, dass sie wirksam werde in aller Welt. Amen.

Liebe Gemeinde,
eines der sieben Sendschreiben an die Gemeinden, und zwar das nach Philadelphia in Kleinasien, einem Teil der heutigen Türkei, ist unser Predigttext. Dieser Brief wird jedoch nicht einer Gemeinde geschrieben, sondern einem Engel der Gemeinde. Das bedeutet wohl nichts anderes als dieses: Jede Gemeinde, so gut oder schlecht sie ist, hat einen Engel, eine direkte Kontaktperson zu Gott. Diesem Engel, der hier höchst menschlich als Leitung der Gemeinde vorgestellt wird, wird stellvertretend für die ganze Gemeinde geschrieben. Das Ziel der Sendschreiben ist es, die Gemeinden wach zu rütteln. Es soll ihnen etwas erzählt werden – von der Ankunft Jesu am Ende der Zeiten. Philadelphia ist eine kleine unscheinbare, unattraktive Gemeinde vor 1900 Jahren, die der HERR selber zum Weitermachen ermutigt. Sie ist als Stadt völlig unbedeutend. Ihren Namen allerdings *Bruderliebe*, den hat sie! Aber sie lebt in einer schrecklichen Zeit: Christenverfolgungen durch Kaiser Domitian machen Angst. Es ist die Angst vor dem Tod um des Glaubens willen, die die Gemeinde bedrängt. Die Christen dort werden gelobt. Sie haben sich bewährt, sie sind treu geblieben in schwierigen Zeiten. Der Apostel ermahnt sie, sich weiter an Gottes Wort zu halten. Wenn sie die Botschaft treu bewahren, dann werden sie die kommenden Prüfungen und Versuchungen bestehen. Weil sie sich an Christus halten, wird er auch bei ihnen bleiben. Der HERR wird ihnen in den schweren Prüfungen beistehen. Den Christen in Philadelphia wird zugesagt, dass ihre Namen im Buch des Lebens aufgeschrieben würden. Die Gemeinde dort wird gelobt, wegen ihrer kleinen Kraft mit der sie die Botschaft des Glaubens bewahrt. Sie bleibt standhaft trotz aller Bedrängungen durch die Staatsmacht und rivalisierenden Gruppen. Wir dürfen uns jetzt nicht vorstellen, dass hier lauter großartige Helden und Heldinnen versammelt waren. Es waren Menschen, die ihren Glauben lebten und denen ihr Glaube wichtig war, voller Angst aber auch in der festen Überzeugung: Im Leben wie im Sterben gehöre ich nur Einem: Jesus Christus. Das ist ihre kleine Kraft. Auf uns heute übertragen denkt der Predigttext an die, die wir leicht übersehen. An die Menschen, die nicht mehr mitkommen, die eigene Lasten und Lasten ihrer Angehörigen tapfer tragen; die nicht in der Zeitung stehen und nicht geehrt werden; von denen niemand weiß. Menschen, auf denen Schwermut, Trauer und Traurigkeit lähmend liegt. Menschen, für die Hoffnung und Zukunft Fremdwörter geworden sind und der nächste Tag eine schier unlösbare Aufgabe; gedemütigte und gebeugte Menschen. Gebeugt von der Angst um die Gesundheit, den guten Ruf, den Arbeitsplatz. Der Angst um das Wohlergehen der Menschen, die sie lieben. Menschen, gelähmt von der Angst um die Zukunft unserer Kinder und unserer Welt. Menschen, die still in die Kirche kommen und still wieder gehen, weil sie nichts Erfreuliches,

sondern nur ihren Schmerz zu teilen hätten. Die nicht wissen, ob das, was sie in die Kirche treibt, mit dem Wort Glauben überhaupt zutreffend beschrieben werden kann. All die dürfen heute hören, was der Geist Gottes der Gemeinde sagt: Ich weiß, was du tust. Ich weiß, was du durchmachst. Ich habe deinen Schmerz ermessen und deine Tränen erwogen. Ich weiß, sie wiegen schwer. Ich kenne die Steine, die dir nicht mehr vom Herzen fallen wollen. Was in keiner Zeitung steht, was keiner weiß, worüber kein Wort verloren wird, was selbst am Grab unerwähnt bleibt: Ich, dein Gott, hab's gesehen und gespürt. Das ist die Sprache der Liebe. Das ist die Sprache der Liebe Gottes. Jeder von uns darf und soll sie hören. Bei jedem von uns will sie ankommen. Advent heißt Ankunft: Ich, dein Gott, hab's gesehen und gespürt. Du hast eine kleine Kraft. Wie wahr! Aber weil das in der Sprache der Liebe gesagt ist, klingt es ganz anders als üblich. Hier meint die kleine Kraft nicht wie in der Schule: gerade noch ausreichend, ungenügend, mangelhaft. Hier meint die kleine Kraft nicht wie in unserer Leistungsgesellschaft: ungeeignet, nicht leistungsfähig, nicht vermittelbar. Hier wird die kleine Kraft, die bleibt, hoch und wertgeachtet. Von Gott hoch und wertgeachtet! So geht Gott mit seiner Gemeinde um. Wann lernen wir den Umgang Gottes mit uns auch im Umgang miteinander und mit uns selbst? Mag's in der Welt zugehen, wie es will. Mag dort gefordert und überfordert werden über die Grenze des Menschlichen hinaus. Hier im Raum der Gemeinde genießt auch die kleinen Kraft Ansehen. Das Ansehen Gottes. Gott sieht nicht auf das, was uns sofort ins Auge fällt. Für ihn zählt nicht die Masse und nicht die Klasse, nicht die große kirchliche Veranstaltung, nicht das religiöse Spektakel. Er blickt auf das, was in kirchlichen Lobreden meistens fehlt: Du hast mein Wort behalten und meinen Namen nicht verleugnet. So einfach ist das und so wenig vorzeigbar. Und doch für Gott das Entscheidende. Du hast trotz allem was du durchmachst, die Verbindung zu mir nicht abgebrochen. Du hast mein Wort behalten. *„Siehe, ich habe vor dir eine Tür aufgemacht und niemand kann sie zuschließen."* Eine offene Tür nach draußen aus den Gefängnissen von Angst, Trauer, Schwermut und Schmerz und wie immer solche Gefängnisse heißen. Eine offene Tür in die Zukunft und in den morgigen Tag. Eine offene Tür zum Heilwerden, zum Trost finden, zum Glauben, zu Gott. Da heißt es einmal nicht: „Macht hoch die Tür!" Macht Gott selbst erst einmal die Tür auf. Bereitet euch vor. Da steht ja so mancher hilflos da – gerade in der Vorweihnachtszeit. Macht hoch die Tür ist leicht gesagt, wenn man feststellen muss, dass man die Schlüssel für die Türen, hinter denen man sitzt, längst verloren und längst nicht mehr verfügbar hat. Was soll's! Gott selbst macht die Tür auf und ermuntert uns auf dem Weg in die Weihnachtszeit, den Schritt durch diese Tür zu wagen. Keine Angst, sie fällt nicht vor oder hinter uns ins Schloss. Sie bleibt offen und niemand kann sie zuschließen. Nicht der Kaiser Domitian, nicht dein böser Nachbar, nicht einmal du selbst. Wer durch diese Tür geht, macht einen Schritt der Hoffnung, einen Schritt des Glaubens. Und dann lasst uns nicht gleich wieder sagen, der Schritt zum Glauben wäre ein großer Schritt, weil das ein großer Glaube und eine große Hoffnung ist. Du hast eine kleine Kraft. Sie genießt Gottes

Ansehen. Du machst in dieser Adventszeit einen kleinen Schritt auf die Tür zu, die Gott für dich aufmacht. Du fasst eine kleine Hoffnung, aber eine, die in deinem Herzen ankommt und sich dort ausbreitet. Behalte sie dort. Eine kleine Hoffnung zu behalten ist besser, als die großen Hoffnungen zu verfehlen. Das nennt der Brief an die Gemeinde in Philadelphia überwinden. Und wer so überwindet, hat nach Gottes Einschätzung und nach seinem Willen eine große Zukunft. Der wird zum Pfeiler des himmlischen Gottestempels. Denn die sind nicht aus Holz, aus dem die Starken, die Selbstsicheren, die Mächtigen und Erfolgreichen sind. Diese Pfeiler sind vielmehr aus dem Holz, aus dem die sind, die eine kleine Kraft haben und doch unter all ihren Lasten durch Gottes Liebe stark sind.

Und der Friede Gottes, der höher ist als all unsere Vernunft bewahre darum unsere Herzen und Sinne in Christus Jesus, unserem Herrn. Amen.

3. Advent: Predigttext 1. Kor 4, 1-5

Liebe Gemeinde,

eilig räumt Frau Weiß ihre Wohnung auf:

das schmutzige Geschirr schnell in die Spülmaschine, die Küche geputzt und gewienert und die Wäsche verräumt. In einer halben Stunde etwa wird der Besuch da sein. Leider hatte sich ihr Besuch nicht früher angemeldet. Zum Glück hatte sie schon Plätzchen gebacken, die konnte sie ihnen jetzt hinstellen. Der Besuch sollte von ihr und ihrer Hausführung einen guten Eindruck haben. Im Hinterkopf hatte sie eine Frage und die trieb sie, ihre Wohnung in Windeseile so rauszuputzen: „Was werden sie über mich sagen? Ich will mich nicht blamieren." Was hier als vorweihnachtliche Geschichte beschrieben wird, passiert so oder ähnlich nahezu alle Tage. ICH jedenfalls ertappe mich immer wieder dabei, dass ich mir Gedanken darüber mache, wie andere über mich denken und wie sie mich beurteilen. Und weil das Urteil Anderer gut ausfallen soll, gebe ich mir manchmal alle erdenkliche Mühe, ihnen zu gefallen oder sie zu beeindrucken. Und es geht nicht nur mir so:

Da putzen und backen Frauen – zumeist sind es die Frauen – mit Eifer in der Vorweihnachtszeit, da werden Haus und Wohnung schön geschmückt, - auch mit dem Nebengedanken, dass Andere es bewundern.

Da leistet sich mancher Jugendliche eine Jeans oder eine Jacke, die wirklich sündhaft teuer ist, - nicht zuletzt, weil er die Freunde damit beeindrucken kann.

Da wird manche Präsentation in der Firma aufwendig vorbereitet, damit die Arbeitskollegen und vor allem die Chefs aufmerksam auf einen werden.

Mancher von Ihnen mag sagen: "Mir macht es nichts aus, was andere über mich sagen." ICH glaube, unberührt lässt es keinen.

Richten, Beurteilen, Werten – und oft Abqualifizieren – liegen dem Menschen im Blut. Beinahe fortwährend werde ich, werden Sie, von Anderen beurteilt. Unsere Lebensführung oder unsere Arbeit werden bewertet, und umgekehrt werten und beurteilen wir andere Menschen.

Wenn wir allein an die Kinder und Jugendlichen zu Hause denken, an die Auszubildenden im Beruf. Oft werden sie mehrmals täglich beurteilt: vom Vater, der Mutter, den Großeltern, den Freunden, den Lehrern, den Anleitern u. s. w. Und dabei sind wir, so sagt mancher Psychologe, zu sehr defizitorientiert. Das heißt, wir erkennen nicht an, was gut gemacht wurde, sondern wir kritisieren, was versäumt wurde. Im Miteinander zwischen Eltern und Kindern ist der springende Punkt: „Wie gehen wir mit den Fehlern um?" Man stellt sich nur mal vor: Ihr Kind kommt mit dem Zeugnis nach Hause. Neben einigen Einsern und Zweiern stehen wenige Dreier und ein Vierer. Worauf schauen Sie zuerst? Was wird zuerst von Vater oder Mutter kommentiert? Natürlich, der eine Vierer. Wir sind schnell bereit, das zu sehen und zu beurteilen, was uns negativ erscheint. Es tut aber auch gut, einmal gewürdigt, gelobt zu werden. Und viele sehnen sich danach! Aber je überschwänglicher ein Lob ausfällt, desto schneller stellen sich auch Zweifel ein: „Lass gut sein", denke ich manchmal, „nun übertreib mal nicht!" Nicht nur, weil ich denke: "Das ist doch nur Schmeichelei, was ich da höre." Nein, weil ich mich selbst ja am Besten kenne und weiß: So ganz stimmt es auch nicht, wie andere dich jetzt sehen. Ich kenne ja meine Fehler und Schwächen.

Vielleicht geht es Ihnen ähnlich. Selbst wenn jemand nach außen ganz selbstsicher auftritt und es gewohnt zu sein scheint, Komplimente zu bekommen – im Innern nagen doch die Selbstzweifel. Und bitter wird es, wenn die Stimmung plötzlich tatsächlich umschlägt. Wenn irgendetwas passiert, was unser Image ankratzt, oder wenn uns ein Fehler unterläuft, aber auch, wenn es nur ein Missverständnis ist, das die Beziehung belastet. Dann wird manchmal aus der Bewunderung der Anderen harte Kritik, sei sie nun frei geäußert oder unausge-sprochen, nur spürbar durch ein kühleres Verhalten. Kritik von Menschen, die uns wichtig sind, seien es Familienangehörige, Freunde, Kollegen oder Vorgesetzte – wie gehen wir damit um? Ich glaube, es gibt verschiedene Möglichkeiten, die wir alle kennen und mit denen wir schon so unsere Erfahrungen gemacht haben.

Eine ist: Ich nehme alles ganz persönlich und bin eingeschnappt. Dann ignoriere ich erst mal alle Vorwürfe, weil ich mir sage: „Ich habe doch recht, und ich lasse mir nicht reinreden. Die Anderen haben ja keine Ahnung; ihnen fehlt die Erfahrung. Vielleicht haben sie nur ihre eigenen Interessen im Kopf; vielleicht wollen sie mich verunsichern, fertig machen. Nein, ich bleibe meiner Linie treu."

Das Ergebnis: Ich wirke leicht selbstgerecht, unverbesserlich. Ich isoliere mich selbst. Denn wer keine Kritik vertragen kann, verschließt sich der Gemeinschaft.

Eine andere Möglichkeit, mit Kritik umzugehen ist, dass ich versuche, mich zu rechtfertigen. Ich lege Gründe dar, warum ich so und nicht anders gehandelt habe. Zuerst ganz sachlich: „Erstens, zweitens, drittens,..." Wenn das nicht überzeugt, werde ich persönlicher: „Ja, der Stress!" oder: "Ich habe doch nicht gewusst, dass das diese Folgen haben würde, ich wollte doch nur das Beste!" Und wenn ich mich ganz in die Enge getrieben fühle, dann führe ich meine Schwächen an: "Ach ja, die Versuchung war einfach zu groß, da bin ich nun mal anfällig an dieser Stelle."

Und vielleicht schiebe ich meine Schuld auch auf Andere: "Die haben mich gedrängt, so zu handeln. Ich habe mich ja gewehrt, aber schließlich konnte ich nicht mehr widerstehen."

Und was ist die Folge all dieser Versuche der Selbstrechtfertigung?

Die Einen werden sich über mich ärgern, weil ich nicht zu meinen Fehlern stehen will, die Anderen werden vielleicht Mitleid empfinden, weil ich mich immer kleiner mache: "Armes Ding, sie kann ja nichts dafür, sie ist ein Opfer ihrer Triebe, ihrer bösen Mitmenschen, ihres Schicksals."

Schließlich die dritte Möglichkeit, auf Kritik zu reagieren:

Ich passe mich an.

Da sage ich mir: "Ich tu mir den ganzen Stress mit eigener Meinung, eigenen Entscheidungen und eigenem Handeln nicht mehr an! Das nächste Mal verhalte ich mich gleich so, wie es die Anderen gut finden. Nach der Devise: ‚Wie man das eben so macht'. Und spüre ich nur im Geringsten, dass ich trotzdem mal daneben liege, korrigiere ich meine Haltung schnell und schwenke um."

Ein Leben ohne Konflikte? Vielleicht. Aber ich werde unfrei, weil mein Leben das der Anderen ist. Mit der Zeit fühle ich mich uninteressant, langweilig, ich verliere meinen Lebensmut, meine Lebensfreude, denn ich bin in ständiger Angst. Und wenn ich meine ständige Anpassung nicht mehr aushalte, wenn ich mir kleine Ventile suche, Heimlichkeiten, weil ich ja auch mal auf meine Kosten kommen muss, dann wird die Angst nur noch größer, dass irgendwann etwas herauskommt.

Drei Möglichkeiten, wie ich mich zu Kritik verhalte, zu einer schmerzhaften Beurteilung durch Andere. Vielleicht denken Sie: „Na ja,. So extrem muss man es ja nicht treiben. Es muss ja kein Trotz sein, aber ein bisschen Stolz ist nicht verkehrt, auch, dass man den Anderen seine Situation erklärt, kann nicht schaden. Und ohne ein wenig Anpassung kommt auch keiner durchs Leben."

Ehrlich gesagt: So denke ich auch.

Umso überraschender ist für mich deshalb, was im Predigttext steht, den ich für heute gewählt habe. Es ist ein Abschnitt aus einem Brief, den der Apostel Paulus an die Gemeinde in Korinth geschrieben hat:

Dafür halte uns jedermann: für Diener Christi und Haushalter über Gottes Geheimnisse.
Nun fordert man nicht mehr von den Haushaltern, als dass sie für treu befunden werden.
Mir aber ist's ein Geringes, dass ich von euch gerichtet werde oder von einem menschlichen Gericht; auch richte ich mich selbst nicht.
Ich bin mir zwar nichts bewusst, aber darin bin ich nicht gerechtfertigt; der Herr ist's aber, der mich richtet.
Darum richtet nicht vor der Zeit, bis der Herr kommt, der auch ans Licht bringen wird, was im Finstern verborgen ist, und wird das Trachten der Herzen offenbar machen. Dann wird einem jeden von Gott sein Lob zuteil werden.

Herr, öffne unsere Ohren und unser Herz, dass wir hören und verstehen, was du uns sagen willst. Amen.

Viermal spricht Paulus von Gericht oder richten, und man spürt: Hier geht es um etwas, das die ganze Existenz des Paulus bestimmt und wofür er meint, sich verantworten zu müssen. Ich vermute, der Vorwurf aus seiner Gemeinde hat Paulus hart getroffen. Immerhin hat er sie gegründet, war ihr als Prediger eine Zeitlang vorgestanden. Und nun beurteilen die Einen über Paulus: Er sei zu wenig charismatisch, also er predige nicht begeistert genug. Die Anderen sagen: Paulus ist zu wenig fromm, denn er hält sich nicht an manche Gebote Gottes.

Wie geht Paulus nun damit um?

Wieder sehe ich drei Reaktionen. Er sagt: „Mir aber ist es ein Geringes, dass ich von euch gerichtet werde." Also nach dem Motto: "Ihr könnt mich zwar richten, aber das ist nicht so wichtig, das ist mir egal." Das klingt zunächst ein bisschen wie Trotz. Doch Paulus meint diese Abwehr nicht persönlich auf die Korinther bezogen. Nein, es geht ihm um etwas Grundsätzliches. Nicht nur die Korinther, auch andere Menschen können ihn nicht beurteilen, ja sogar Paulus selbst hat nicht das Recht dazu. Sein eigenes Gewissen muss versagen, wenn es um die Weitergabe des Evangeliums geht. Es gibt nur einen, der in dieser Sache handelt: GOTT. Und wir sind seine Diener, seine Verwalter. Wir gehören ganz zu ihm. So ist alles, was Menschen über uns denken und sagen, immer nur vorläufig, unvollständig; die letztlich wichtige Instanz ist Gott. Deshalb appelliert Paulus auch an die Korinther: „Wartet ab mit eurem Urteil!" Steckt mich oder andere Menschen nicht zu schnell in eine bestimmte Schublade, sondern öffnet eure Augen für all das, was noch in ihnen steckt an Fähigkeiten, gutem Willen und Liebe. Und vor allem: Seht jeden Menschen aus der Perspektive Gottes an, auch die, die euch ärgern, die euch feindlich gegenüberstehen, deren Verhalten ihr nicht billigen könnt. Sich selbst und Andere erst einmal aus der Perspektive Gottes sehen, das, liebe Gemeinde, kann uns eine große Unabhängigkeit geben. Denn was Gott über uns denkt, ist von vorneherein positiv. Denn es ist von seiner Liebe bestimmt! Er liebt uns, wie wir sind. Das hat er uns durch seinen Sohn Jesus Christus gezeigt, und er hat uns damit verwandelt. Er hat uns zu neuen Menschen gemacht. Deshalb hat niemand die Macht, uns fertig zu machen. Vor Gott gelten die menschlichen Maßstäbe nicht. Wenn ich mir das bewusst mache, dann merke ich, wie es mir warm ums Herz wird, wie eine Kraft mich durchströmt, die mir Auftrieb gibt. Und diese Kraft macht mich weitgehend unabhängig von allen menschlichen Beurteilungen. Wenn ich mich von Gott geliebt weiß, dann kann mich so schnell nichts aus dem Gleichgewicht bringen. Keine noch so harte Kritik. Denn dann weiß ich: In Gott sind wir gerechtfertigt und angenommen. Und das hat Folgen. Zunächst für meinen Umgang mit Kritik. Wenn ich sie nicht immer gleich persönlich nehmen muss, wenn ich mich nicht immer gleich in Frage stellen lassen muss, dann kann ich mich öffnen gegenüber der Kritik. Ich kann sie als Hilfe sehen, als Chance, mich zu verbessern. Ich kann darüber nachdenken, was man mir eigentlich sagen will. Vielleicht trifft die Kritik ja zu, und ich habe wirklich einen Fehler gemacht. Dann vergebe ich mir nichts, wenn ich nachfrage: „Was kann ich tun, um es wieder gutzumachen, oder um es das nächste Mal besser zu machen?" Vielleicht liegt der Fall aber auch ganz anders, und mein Gegenüber will mich mit seinen Vorwürfen eher auf eigene Probleme aufmerksam machen. Auch dann kann ich versuchen nachzufragen, was ihn besonders ärgert und wie wir gemeinsam zu einer Lösung kommen können. Um so miteinander umzugehen, liebe Gemeinde, müssen wir uns nicht anpassen, nicht klein machen voreinander. Denn Gott will, dass wir uns entwickeln, auf einem ganz eigenen Weg, unabhängig davon, wie andere Menschen uns gerne haben möchten. Das gilt auch umgekehrt, also wenn wir selbst Menschen beurteilen und kritisieren. Wenn wir sie aus der Perspektive Gottes sehen, dann werden wir darauf achten, dass sie ihr Gesicht wahren können. Wir werden sie nicht pauschal beurteilen, sondern ganz konkret: Mit Hinweisen, wie sie etwas verbessern können, mit dem Angebot zur Hilfe. Und vor allem mit viel Lob für all das, was sie gut machen.

Die Zuwendung Gottes gibt uns die Möglichkeit, gelassen auch auf unsere Schattenseiten zu gucken und zu versuchen, umzukehren. Daran erinnert uns auch die Adventszeit. In dieser Zeit können wir uns auf das besinnen, was nicht so gut gelaufen ist in unserem bisherigen Leben. Nicht um uns selbst und andere klein zu machen, sondern um wieder frei zu werden von Schuld, Groll und Selbstzweifeln. Und so können wir uns vorbereiten auf das Fest der Liebe Gottes, bei dem er zu uns sagt: *„Ihr Menschen, ihr seid mir so unendlich viel wert, so viel, dass ich zu euch kommen will."*

Und der Friede Gottes, der höher ist, als all unsere Vernunft, bewahre darum unsere Herzen und Sinne in Christus, Jesus.

Amen.

4. Advent: Predigttext Phil. 4, 4-7

Liebe Gemeinde,

wie schnell doch die Zeit wieder verflogen ist. Bereits die vierte und letzte Kerze brennt heute am Adventskranz – wir haben tatsächlich schon den vierten Advent! Und was das bedeutet, das wissen Sie alle, das weiß sogar jedes Kind: Mit jedem Türchen, das am Adventskalender geöffnet wird, wächst die Vorfreude. Wenn das Taschengeld für alle Geschenke nicht reicht, dann wird die Oma angepumpt, und Mama und Papa freuen sich auch über handgeschriebene Gutscheine über „zehnmal Müll raustragen, Tisch abräumen und Geschirrspülmaschine ausräumen." In den nächsten Tagen – genauer gesagt in vier – steht nun das Weihnachtsfest vor der Tür. Nur noch vier Türchen öffnen – herrlich! Der Stress in der Schule hat jetzt auch endlich aufgehört: Die irre vielen Klassenarbeiten, die vor Weihnachten immer noch „dringend" geschrieben werden mussten, haben endlich ein Ende; keine Hausaufgaben mehr und am Freitag haben die lang ersehnten Weihnachtsferien angefangen. – Endlich! Freuen Sie sich schon darauf?

Vielleicht würden Sie sich ja ganz gerne genüßlich darüber freuen – aber Sie kommen im Trubel Ihres Alltags überhaupt nicht dazu. „Nur noch wenige Tage bis Heilig Abend – ach du Schreck! Und ich habe noch so viel zu tun: Plätzchen backen, Geschenke einkaufen und das Haus putzen. Und dazwischen noch diverse Termine nicht versäumen und Weihnachtsfeiern besuchen. Und die Weihnachtspost, die muss ja auch noch raus, sonst ist am Schluss noch jemand enttäuscht oder sogar böse mit mir..." Vielleicht würden Sie sich auch gerne freuen, aber – Sie können es nicht, weil Sie sich einsam und verlassen fühlen. Vielleicht wohnen ihre Angehörigen weit weg, und Sie haben niemand, mit dem Sie die Weihnachtstage verbringen können. Und gerade an Weihnachten , dem Fest der Familie und der Liebe, da graust es Ihnen besonders davor, ganz allein zu sein und niemanden zu haben. Worauf sollten Sie sich jetzt also freuen? Vielleicht können Sie aber auch mit dem ganzen Weihnachtstrubel überhaupt nichts anfangen und fragen sich nach dem Sinn des Ganzen. Ist doch alles nur Kommerz. Dekoration, Geschenke und Süßwaren kaufen, und natürlich einen schönen Weihnachtsbaum und den passenden Schmuck dazu. Für die Händler natürlich eine lohnende Sache, ein echt gutes Konjunkturprogramm. Vielleicht haben die Einzelhändler ja Weihnachten erfunden und sind verantwortlich für die ganze Hektik und den Stress davor ... - Wo aber liegt da denn eigentlich der tiefere Sinn?

Eine gute Frage! Was ist eigentlich der Sinn von Weihnachten? Was ist das Wesentliche an der Adventszeit? Worauf wollen wir warten, auf was sollen wir uns freuen?

Und wie sollen wir unser Leben führen und unseren Alltag gestalten?

In vier Tagen feiern wir Weihnachten, ganz unabhängig von unserer Stimmung oder dem Stand unserer Vorbereitungen.

Da tut es gut, sich bei der „Stillen Zeit im Kerzenschein" - letzte Woche in Bellnhausen und die Woche davor in Sichertshausen -, die beide sehr gut besucht waren, mal zurücklegen zu können. Da tut es gut, heute Morgen im Gottesdienst zur Ruhe zu kommen. Da tut es gut, Adventslieder zu singen, auf das Evangelium zu hören und auch auf die Epistellesung, die heute unser Predigttext ist. Lassen Sie uns dazu auf Worte des Apostels Paulus hören. Ich lese aus dem 4. Kapitel des Philipperbriefes (4-7):

Freuet euch in dem Herrn allewege, und abermals sage ich: Freuet euch!
Eure Güte lasst kund sein allen Menschen! Der Herr ist nahe!
Sorgt euch um nichts, sondern in allen Dingen lasst eure Bitten in Gebet und Flehen mit Danksagung vor Gott kundwerden!
Und der Friede Gottes, der höher ist als alle Vernunft, bewahre eure Herzen und Sinne in Christus Jesus.

Herr, öffne uns die Ohren und das Herz, dass wir dein Wort hören in den menschlichen Worten, die dich bezeugen. Amen.

Paulus schreibt seinen Brief an die Gemeinde in Philippi aus dem Gefängnis heraus. Er wurde verhaftet, weil er missioniert hat. Nun wartet er auf sein Urteil. Vielleicht wird er freigesprochen, vielleicht wird er zum Tode verurteilt werden. Er weiß es nicht.
Die Gemeinde in Philippi hat Paulus selbst gegründet, er hat einen guten Kontakt zu ihr, ist immer wieder von dieser Gemeinde auch finanziell unterstützt worden. Dafür ist er dankbar, und er möchte den Menschen, die ihm am Herzen liegen, etwas mitgeben: Freude, Güte und den Segen Gottes. Ganz eindringlich fordert Paulus die Christen damals und auch uns heute dazu auf, dass wir uns doch freuen sollen. Das ist ihm offenbar so wichtig, dass er es nicht bei einer einmaligen Aufforderung belässt, sondern seinen Appell noch im selben Atemzug wiederholt: „Nun freut euch doch (gefälligst), Leute!!" Aber geht das denn? Kann man Freude denn befehlen? Wie kann ich mich freuen, wenn ich gerade wütend bin, traurig oder ängstlich? Ich kann meine Wut nicht verdrängen, meine Traurigkeit und Angst auch nicht.
Wie soll ich mich nicht sorgen, wenn meine Firma verkauft wurde und ich nicht weiß, ob ich übernommen oder entlassen werde? Wie soll ich mich nicht sorgen, wenn ich nicht weiß, wie lange ich alleine in meinem Haus zurechtkomme? Wie soll ich mich nicht sorgen, wenn ich nicht weiß, ob meine Kinder einen guten Beruf finden, der sie erfüllt und ihnen ein sicheres Auskommen bietet? Wie soll ich mich nicht sorgen, wenn ich weiß, dass ich nach überstandener Krebserkrankung zur jährlichen Vorsorgeuntersuchung muss? Nach fünf Jahren, so heißt es, habe man es geschafft und

den Krebs besiegt. Aber ich weiß von so vielen Kranken, wo der Krebs gesiegt hat. Das macht mir Angst. Und da soll ich mich nicht sorgen, sondern mich freuen? – Wer kann das denn? Freude – wo soll sie denn herkommen? Freude – worüber denn? Freude muss doch aus dem Inneren kommen, dazu muss man doch in der richtigen Stimmung sein. Dafür muss das Leben doch unbeschwert und stressfrei verlaufen und die vielen Probleme müssen gelöst sein. Und schließlich: Um sich so richtig von Herzen freuen zu können, dazu braucht man doch zumindest einen guten Grund! Oder etwa nicht? Das wusste der Apostel Paulus natürlich auch. Schließlich war er ja nicht auf den Kopf gefallen, sondern er war ein intelligenter, gelehrter Mensch. Paulus war auch kein gefühls-duseliger Schwärmer, der die Leute in eine grundlose Ekstase versetzen wollte, sondern im Gegenteil, er war ein eher nüchterner, zurückhaltender Theologe. Wenn also Paulus die Christen hier so eindringlich und überschwänglich zur Freude herausfordert, dann gibt es dafür ganz sicher einen guten handfesten Grund. Und den nennt der Apostel dann auch, ganz kurz und lapidar: *„Der Herr ist nahe!"* Der Herr ist nahe – diese Botschaft sollte die Herzen der Christen in der Stadt Philippi damals zum Tanzen und Springen bringen. Der Herr ist nahe – diese Tatsache sollte aber auch für uns heute Morgen hier in Bellnhausen (Sichertshausen) Grund genug sein, uns zu freuen.

Der Herr ist nahe – dieser kurze Ausruf hat eigentlich eine doppelte Bedeutung:

Zum Einen die räumliche Variante, die besagt, dass Jesus Christus, der auferstandene Herr, uns hier und heute ganz nahe ist. Dass er bei uns ist an jedem Tag, so wie er es seinen Jüngern versprochen hat. Das heißt ganz konkret, dass Jesus zum Beispiel gerade jetzt hier in diesem Gottesdienst mitten unter uns ist. Dass er uns jetzt hört und sieht, und das nicht nur äußerlich, sondern auch innerlich. Jesus sieht in unsere Herzen hinein, er weiß, was jeden von uns belastet und bewegt, was wir denken und was wir fühlen. Er allein kann uns wirklich verstehen. Er nimmt uns an, so wie wir sind. Und er freut sich, wenn wir uns ihm öffnen und ihm unser Herz ausschütten, denn er möchte unser Freund und Helfer sein. Er möchte uns so nahe wie möglich sein. Und das unbegreiflich Grandiose dabei ist, dass dies nicht nur hier bei uns in Bellnhausen (Sichertshausen) so ist, sondern zugleich überall in unserem Land und in der ganzen Welt, wo Menschen sich in seinem Namen versammeln. Überall dort ist Jesus mittendrin dabei, und er sieht jede Frau, jeden Mann und jedes Kind, und - jeder einzelne Mensch ist ihm wichtig. Jede und jeden von uns hat er ganz persönlich lieb, und mit jedem von uns geht er nach dem Gottesdienst dann auch wieder hinaus, nach Hause und in den Alltag. Rational kann ich das nicht weiter erklären, es geht einfach über unseren begrenzten menschlichen Horizont hinaus – es ist wohl ein göttliches Geheimnis. Aber es ist auch ein ganz konkretes Versprechen des auferstandenen Herrn: *„Ich bin bei euch alle Tage bis zum Ende der Welt."* Jesus ist also immer bei uns. Er wohnt durch den Heiligen Geist sogar in uns, wenn wir glauben. Und er ist damit stets nur ein kleines Gebet weit von uns entfernt. Jesus Christus ist uns jederzeit ganz nahe – wenn wir uns das bewusst machen, dann ist das doch ein gewaltig guter

Grund, uns von tiefstem Herzen zu freuen! Paulus hat hier aber auch noch eine zweite, zeitliche Variante im Hinterkopf. Der Herr ist nahe – das bedeutet auch: Jesus kommt bald wieder. Von dieser Hoffnung lebt unser christlicher Glaube seit seinen Anfängen. So bekennen wir es ja auch im Glaubensbekenntnis: „Von dort wird er kommen, zu richten die Lebenden und die Toten." Jesus Christus wird am Ende dieses Zeitlaufs wieder kommen, uns zur Erlösung und zum Gericht über die Welt. Dann wird alles zurecht gebracht. Dann wird alles Leid in Freude verwandelt. Dann wird alles neu. Dann werden wir für immer bei ihm in der Herrlichkeit sein. Das ist unser himmlisches Ziel. Und wenn es nicht so schnell eingetreten ist, wie Paulus und die ersten Christen es noch erwartet haben, so ist das ja eigentlich unser großer Vorteil – denn nur so hatten wir ja die Chance, auf diese Welt zu kommen und später dann auch dabei zu sein. Der Herr ist also nahe – auch zeitlich gesehen. Und er ist auf jeden Fall schon viel näher als damals zur Zeit des Apostels Paulus. Freuen wir uns also auf seine Ankunft.

Der Herr ist nahe – genau das ist doch auch, worum es an Weihnachten eigentlich geht. Der Sohn Gottes ist als kleines Baby in unsere Welt hinein geboren worden. Er wurde ein Mensch, so wie wir, kam arm und verletzlich in einem Viehstall zur Welt.

Gott wollte sich mit uns Menschen in unserem ganzen Elend identifizieren, er wollte uns darin so nahe wie irgend möglich sein. Und so wurde er schließlich in Jesus Christus selbst ein Mensch, ein kleines Baby, das hilflos und bedürftig in eine Krippe gebettet wurde. Näher geht es nicht! Liebe Gemeinde, solch einen großen Gott haben wir!

Einen Gott, der es sich erlauben kann, alle seine Stärke abzulegen und ein schwacher, verletzlicher Mensch zu werden. Und der es dann gerade in dieser Schwachheit schafft, uns zu erlösen, mit seinem Leben, in seinem Sterben und durch seine Auferstehung. Der Herr ist nahe – das ist die Bedeutung von Weihnachten. Gott hat uns besucht und erlöst. Er ist heute im Geiste bei uns. Und er wird am Ende der Zeit kommen und die Schöpfung vollenden. Das dürfen wir feiern, darüber und darauf dürfen wir uns freuen, insbesondere in der Advents- und Weihnachtszeit. Und wenn gerade jetzt alles um uns herum so hektisch ist, dann sollten wir zwischendurch mal durchschnaufen und uns daran erinnern, dass auch Jesus damals in Stress und Hektik geboren wurde und um ein Haar überhaupt kein Dach über dem Kopf gehabt hätte. Wenn wir uns vielleicht einsam und verlassen fühlen, dann dürfen wir uns bewusst machen, dass es doch zumindest einen gibt, der uns nahe ist und der immer für uns als Ansprechpartner zur Verfügung steht, dem wir unser Herz ausschütten können – Jesus Christus. Und wenn uns der ganze Kommerz um Weihnachten nervt und uns der Erwartungsdruck zu viel wird, dann könnte uns das vielleicht ja auch anspornen, das Wesentliche an Weihnachten wieder neu zu entdecken und den Konsumrausch dafür mal ganz bewusst etwas zurückzufahren. Mit ein bisschen Fantasie müsste das doch eigentlich zu machen sein… Wenn wir unser Leben in diesem Bewusstsein führen, dass Jesus Christus uns nahe ist, wenn wir es gar wollen, dass er in und durch uns lebt, dann kann unser Leben durch seinen Geist verwandelt werden. Dann kann sich dadurch ein ganz neuer Lebensstil entwickeln, der vom Geist Gottes geprägt und durchdrungen ist. Der Apostel Paulus nennt uns wesentliche Kennzeichen eines solchen erneuerten Lebens: Erstens die Freude. Darüber haben wir schon gesprochen. Freude darüber, dass wir immer in der Nähe unseres Herrn sind, dass unser Leben stets in Gott geborgen ist. Niemals wird er uns verlassen, niemals können wir tiefer fallen als in seine guten Hände. Darum *„freuet euch in dem Herrn allewege, und abermals sage ich: Freuet euch!"* Diese innere Freude kann das Grundgefühl sein, das unser Leben trägt.

Zweitens die Güte. „Eure Güte lasst kund sein allen Menschen!"

Es geht nicht darum, dass wir uns hauptsächlich selbst an positiven Gefühlen berauschen. Nein, die Freude und die Liebe, die wir von Gott erfahren, die sollen wir nicht für uns behalten, die soll aus uns ausstrahlen, die sollen wir an andere Menschen weitergeben. Christen sollen Menschen sein, die mit offenen Augen durchs Leben gehen, die darauf achten, wo der Nächste Hilfe braucht, die stets und gerne bereit sind, Gutes zu tun. Frei nach dem alten Motto der Pfadfinder: Allezeit bereit zur guten Tat! So kann sich durch uns die Güte Gottes unter den Menschen ausbreiten. Und so macht unser Leben einen echten Sinn.

Drittens das Gebet.

„Sorgt euch um nichts, sondern in allen Dingen lasst eure Bitten in Gebet und Flehen mit Danksagung vor Gott kund werden!" Was sollen wir tun mit den Sorgen, die uns immer wieder umtreiben? Wohin sollen wir uns wenden mit allem, was uns belastet und beschäftigt, wohin mit dem ganzen Ballast in unserer Seele? – Natürlich zu dem, der uns nahe ist, der versprochen hat, immer bei uns zu sein. Es wäre doch auch sonderbar und sogar widersprüchlich, wenn wir einerseits glauben, dass Gott uns nahe ist, wir andererseits aber keinen Kontakt zu im pflegen würden – da wären wir doch schön blöd! Mit allem was uns bewegt, dürfen wir jederzeit zu ihm kommen, er ist immer nur ein Gebet weit von uns entfernt. Und ganz besondern dürfen wir ihm auch unseren Dank bringen für all das Gute, das er uns schenkt. Das Gebet kann unsere Seele reinigen und unsere Gedanken ordnen. Es kann die geistliche Kraftquelle für unser Leben sein.

Und viertens schließlich der Friede.

„Und der Friede Gottes, der höher ist als alle Vernunft, bewahre eure Herzen und Sinne in Christus Jesus." Diesen tiefen inneren Frieden können wir nicht einfach machen. Er ist höher als alle Vernunft. Er entspringt dem Glauben und ist somit ein Geschenk Gottes. Wir werden ihn in dem Maße erfahren, in dem wir es lernen, uns selber loszulassen und uns dafür auf Gott zu verlassen. Der Friede Gottes ist auch eine Art von Ergebnis unseres Lebensstils. Je mehr wir unser Leben am Willen Gottes ausrichten und je bewusster wir in seiner Gegenwart leben, desto tiefer werden wir diesen Frieden in unserem Herzen spüren. Er ist quasi die Belohnung Gottes für unser

Vertrauen zu ihm. Advent, Advent, die vierte Kerze brennt. Das Christkind steht vor der Tür. Es wäre schön, wenn die vier Kerzen für die Freude, die Güte, die Dankbarkeit und den Frieden stehen, die hell in unseren Herzen brennen. Und mögen wir den Herrn Jesus Christus nicht nur in der Krippe unterm Weihnachtsbaum begutachten, sondern ihm die Tür unseres Lebens öffnen und ihn bei uns einlassen. Dann ist er uns wirklich nahe.

Und der Friede Gottes, der höher ist als all unsere Vernunft, bewahre unsere Herzen und Sinne ist Christus, Jesus.
Amen.

Christfest, Predigttext Micha 5, 1-4a

Der Predigttext für den 1. Weihnachtstag steht im Alten Testament im Buch des Propheten Micha (Mi 5, 1-4a):

1 Und du, Bethlehem Efrata, die du klein bist unter den Städten in Juda, aus dir soll mir der kommen, der in Israel Herr sei, dessen Ausgang von Anfang und von Ewigkeit her gewesen ist.

2 Indes lässt er sie plagen bis auf die Zeit, dass die, welche gebären soll, geboren hat. Da wird dann der Rest seiner Brüder wiederkommen zu den Söhnen Israel.

3 Er aber wird auftreten und weiden in der Kraft des HERRN und in der Macht des Namens des HERRN, seines Gottes. Und sie werden sicher wohnen; denn er wird zur selben Zeit herrlich werden, so weit die Welt ist.

4 Und er wird der Friede sein.

Herr, gib, dass wir recht hören und reden. Amen.

Liebe Gemeinde,

gestern Abend, am Heiligen Abend, haben wir alle Geschenke bekommen. Das ist eine feine Sache, nicht nur für Kinder. Auch wenn manche Erwachsene sich im Vorfeld schon gegenseitig sagen: Wir schenken uns nichts – wird meistens doch nichts draus, denn eine „Kleinigkeit" wird dann doch geschenkt und die Freude darüber ist groß. Manche Geschenke sind so groß, dass sie kaum oder gar nicht eingepackt werden können und unter den Tannenbaum gelegt werden können. Andere sind so klein, dass sie unter dem Baum gesucht werden müssen.

Ich kann mich noch sehr genau daran erinnern, dass ich als Kind immer geguckt habe, was das größte und härteste Geschenk war. Denn 1. ist was Großes immer toll und für Kinder und 2. sind harte Geschenke meistens Bücher und Spiele und, was ganz wichtig ist: keine Klamotten. Aber dennoch sind die kleinsten Päckchen die spannendsten! Vor vielen Jahren habe ich meinem ältesten Neffen ein klitzekleines Päckchen geschenkt. Ich war 13 Jahre alt, hatte ein mickriges Taschengeld

– er war gerade 2 geworden und stibitzte mir immer meine Bleistifte und Spitzer aus dem Schulmäppchen, weil er für sein Leben gerne spitzte. Der Heilige Abend kam, es gab viele große Geschenke für den kleinen Mann, worüber er sich sehr freute. Zum Schluss gab ich ihm das kleine Päckchen von mir. Er fummelte es auf, strahlte über das ganze Gesicht und rief: „Ein Spitz, ein Spitz!". Die großen Geschenke waren vergessen und er spitzte selig unter'm Weihnachtsbaum Bleistifte. In einem Sprichwort heißt es: „Große Ereignisse werfen ihre Schatten voraus." – Aus dem „kleinen Spitzer" wurde später ein Bauzeichner. In unserem Predigttext heißt es: *„Und du, Bethlehem Efrata, die du klein bist unter den Städten in Juda..."* Wenn man diesen Satz hört, könnte man ja durchaus den Eindruck gewinnen, dass in diesen Worten ein wenig Mitleid mitschwingt; etwa in dem Sinne: „Du armes, kleines Bethlehem! Was soll schon Besonderes aus dir werden!?" So gesehen wird da eine mangelhafte Situation zum Ausdruck gebracht – nämlich ein Mangel an Bedeutsamkeit, an Glanz und Herrlichkeit. Und dennoch war Bethlehem eine Stadt, die von allen anderen Städten herausgehoben war. Denn aus ihr stammte der bedeutendste König Israels: König David. Er war der kleinste aus der Reihe seiner Brüder gewesen, und es hatte wirklich niemand damit gerechnet, dass gerade ER zum König gesalbt werden sollte. Man musste ihn auch eigens herholen lassen, von den Schafherden, die er hütete, draußen auf dem Feld von Bethlehem.

Doch damit nicht genug: *„...aus dir soll mir der kommen, der in Israel Herr sei...",* so weissagte der Prophet Micha. Und das hat sich bewahrheitet. Denn es war das kleine Bethlehem, wo Jesus, der Christus, zur Welt kam. Nicht in dem großen Jerusalem, wie doch jeder halbwegs Kundige gedacht hätte. Nein, er kommt in Bethlehem zur Welt. Nicht in einem Palast, sondern in einer Unterkunft für Tiere tut er seinen ersten Atemzug. Geboren von ganz kleinen Leuten: Von einer jungen Frau, die nicht verheiratet ist, und ihrem Freund, dem Zimmermann, wird der König als Kind willkommen geheißen. Ja, ein Kind ist dieser große Friedefürst. Im kleinen Bethlehem, in einem Stall, geschieht Weihnachten. Der wahre Gott wurde ein wahrer Mensch. Oder mit anderen Worten: Gott kam mitten in unsere Welt und ist damit uns Menschen ganz nahe. – Das wirklich Große, es fängt unscheinbar an, im Verborgenen. Doch was ändert sich durch Seine Geburt, durch Sein Kommen in unsere Welt des Mangels und der Plagerei? Ändert sich überhaupt etwas – nach 2000 Jahren – an der oftmals bedrückenden Situation, in der wir leben? Denn *„...er lässt sie plagen..."*, so heißt es im Predigttext. Das ist nun wirklich keine weihnachtliche Botschaft, die uns der Prophet Micha da zu hören gibt. Und doch scheint sie für mich nicht völlig aus der Luft gegriffen. Ja, unsere Welt, unser Leben ist gekennzeichnet durch Plagerei – und damit meine ich jetzt nicht das viele Schneeschippen, was wir seit Anfang Dezember regelmäßig machen. Sondern ich meine, unser Leben ist gekennzeichnet durch Ängste und vielleicht auch durch körperliche und seelische Schmerzen: so mancher unter uns wird sich vor Weihnachten ängstlich besorgt gefragt haben: Wird denn das Weihnachtsfest innerhalb der Familie gelingen? Wird es harmonisch oder chaotisch werden? Andere haben vielleicht Angst um ihre Existenz, weil ihnen der Verlust des Arbeitsplatzes droht oder sorgen sich um die Zukunft ihrer Kinder, weil diese so häufig keine Perspektive für ihr Leben sehen. Und wieder andere zerbrechen fast an dem Verlust eines geliebten Menschen. Das also ist die Welt, in der wir leben: Eine Welt, die häufig durch Defizite gekennzeichnet ist; eine Welt, in der so oft Perspektiven fehlen; und letztlich eine Welt, in der vieles ungewiss ist und bleibt. Doch genau in diese Welt hinein wird eine Weissagung gesprochen: *„Und du, Bethlehem Efrata, die du klein bist unter den Städten in Juda, aus dir soll mir der kommen, der in Israel Herr sei…Er wird auftreten und weiden in der Kraft des HERRN und in der Macht des Namen des HERRN, seines Gottes."* Jesus kommt also mitten hinein in diese unsere kleine, manchmal dunkle Welt. Er wird mit der Kraft Gottes ausgestattet sein und in Gottes Vollmacht auftreten. Er, der kommt, ist mehr als jeder König. Wir Christen bezeichnen ihn als „unseren Erlöser" oder „unseren Heiland", weil Er unserer Plagerei ein Ende bereiten will und kann. Mit Jesu Geburt verändert sich also tatsächlich so manches in unserem Leben. Das spüren wir zwar nicht immer sofort, und manchmal erkennen wir das sogar erst im Rückblick. Aber dennoch bleibt Seine Geburt – Sein Kommen in unsere Welt – für uns nicht ohne Folgen. Denn der Predigttext spricht davon, dass Er uns *„weiden wird in der Kraft des HERRN."* Ich verstehe diesen Satz als eine Zusage von Schutz und Sicherheit und Fürsorge. – Das Bild des guten Hirten taucht vor meinem inneren Auge auf: Ein Hirte, der seine Schafe weidet, der gibt ihr einerseits einen Platz, wo sie genügend Nahrung finden kann; und andererseits sorgt er dafür, dass wilde Tiere der Herde nicht gefährlich werden können. – Dieses Bild lässt sich auf Gott übertragen, der der gute Hirte für uns sein will und ist. Seine Fürsorge, Seine Liebe und Sein Schutz gilt uns! Jesus schenkt uns darüber hinaus auch Geborgenheit. In Seiner Nähe brauchen wir keine Angst mehr zu haben vor den Widrigkeiten des Lebens. Denn er will, dass *„…wir sicher wohnen…"* – das heißt, dass wir geschützt und geborgen sind und bleiben. Jesu Kommen in unsere Welt wendet alle Dürftigkeit, stillt allen Mangel und tröstet alle Verzagten. Denn *„er wird der Friede sein"* weissagt der Prophet. Jesus ist unser Friede, unsere Erlösung. Das ist die Botschaft – oder auch die Gute Nachricht – von Weihnachten. In Jesus also dürfen wir darauf hoffen, dass wir Wege aus unserer Situation des Mangels finden. Wer also von Arbeitslosigkeit bedroht ist und sich Sorgen um seinen Lebensunterhalt macht, oder für sein Leben keine Perspektive mehr sieht, der darf darauf hoffen, dass Jesus ihn nicht im Stich lässt – sondern neue Wege zeigen wird.

Sicher geht das nicht alles von heute auf morgen, nicht sofort ist ein neues Jobangebot da. Auch dauert es häufig seine Zeit, bis wir wieder wissen, wie es mit uns und unserer Zukunft weitergehen soll. Und auch die Trauerarbeit beim Tod eines nahen Menschen braucht seine Zeit: Wer um einen

Menschen trauert, der kann nicht sofort wieder die Freuden des Lebens genießen. – Das dürfen wir nicht einfach übersehen, wenn wir auf Jesus und sein Kommen hinweisen. Und trotzdem: In diesen und in noch vielen anderen Dingen, die ich hier nicht genannt habe, aber jeder von uns doch kennt, hilft uns das Vertrauen darauf weiter, dass uns Gott selbst in Jesus Christus nahe gekommen ist. Davon bin ich fest überzeugt! Denn *„er ist unser Friede!"* Und damit sind wir ganz nahe dran an der Weihnachtsbotschaft, die uns die Engel verkündet haben: *„Ehre sei Gott in der Höhe und Friede auf Erden bei den Menschen Seines Wohlgefallens."* Und somit wird Weihnachten vor allem zu einer Botschaft des Friedens. Weil Jesus Christus geboren wurde, begegnet uns – inmitten unserer unvollkommenen mit all den Fragen und Zweifeln bestehenden Welt – der Gott, der will, dass wir leben. Dabei kommt es nicht auf Größe und Herrlichkeit an. Es kommt auch nicht darauf an, dass in unserem Leben alles richtig läuft. Nein, der Prophet sagt uns das ganz deutlich: Nicht aus einer großen, glänzenden Weltstadt kommt der Herr dieser Welt, sondern aus einer kleinen Stadt, die den Namen Bethlehem trägt. Und auch das sagt uns der Predigttext: nicht zu den Großen und Mächtigen, zu den Schönen und Reichen dieser Welt kommt der Herr, sondern zu denen, deren Leben eher dürftig und klein ist. Die Ängste haben oder für ihr Leben keine Perspektive mehr sehen. Der Anfang der Friedensherrschaft muss klein und unauffällig beginnen, wenn er nachhaltig sein soll. Gott wirkt unscheinbar, bei kleinen Leuten, an einem unbedeutenden Ort, dem kleinen Bethlehem. Bethlehem ist überall. Bethlehem ist hier und jetzt.
Bethlehem heißt übersetzt: *Haus des Brotes.* Gott hat in Bethlehem den versprochenen neuen Anfang gemacht. Er hat Brot geschenkt, das satt macht; Leben, das den Tod überdauert: Jesus Christus ist das Brot des Lebens. Und so feiern wir nachher gemeinsam das Abendmahl.

Und der Friede Gottes, der höher ist als all unsere Vernunft, bewahre darum unsere Herzen und Sinne in Christus, Jesus, Amen.

Neujahrstag; Predigt zur Jahreslosung 2008 Joh. 14, 19

Liebe Gemeinde,

seit ziemlich genau 18 Stunden schreiben wir das Jahr 2008. Der zumeist feucht-fröhliche Silvesterabend liegt hinter uns, ebenso vermutlich das sogenannte „Katerfrühstück“. Manche haben den Jahreswechsel sicherlich auch alleine – für sich selbst – in einer Mischung aus Sentimentalität und Traurigkeit begangen. 2007 gehört nun der Vergangenheit an. So manch einer beginnt das neue Jahr damit, dass er sich etwas „vornimmt“ und in die Tat umsetzen will:
kurz vor Mitternacht des alten Jahres hört man denn sehr oft: „Ich höre mit dem Rauchen auf. Das ist meine letzte Zigarette – im alten Jahr...“ – und meistens stimmt das ja auch.
„im neuen Jahr werde ich nicht mehr so viel über andere lästern“
„im neuen Jahr werde ich öfter zum Gottesdienst gehen“
„ich werde mehr Zeit für meine Familie und auch für mich selbst haben“
„im neuen Jahr wird alles anders“ u. s. w.
Manches von dem, was man sich für 2007 vorgenommen und gewünscht hat, ist in den vergangenen Monaten in Erfüllung gegangen; anderes nicht. Und vieles, was wir erlebt haben, konnten wir uns vor einem Jahr überhaupt noch nicht vorstellen oder gar planen, denn: Erstes kommt es anders und zweitens als man denkt – sagt der Volksmund. Wie war das im vergangenen Jahr für mich? Für meine Familie? Für meine Freunde? Für meine Gemeinde? War es eine beschauliche Wanderung oder ein straffer Marsch? War es ein eiliger Lauf in gnadenloser Hast, voller Hürden und Hindernisse mit der Uhr in der Hand?
Halten wir doch einen kleinen Rückblick, was so alles in der Welt passiert ist, in der wir leben:
Das neue Jahr beginnt für die Bundesbürger mit einer der höchsten Steuererhöhungen der Geschichte. Der Mehrwertsteuersatz steigt von 16 auf 19 Prozent. Die Bundesregierung hat dies mit dringend benötigten Mehreinnahmen für den Haushalt gerechtfertigt.
Das Sturmtief Kyrill richtet in ganz Europa massive Schäden an. Es werden Windgeschwindigkeiten von mehr als 200 Stundenkilometer gemessen. In Deutschland sterben elf Menschen, in ganz Europa insgesamt mindestens 45.
Die Deutschen werden Weltmeister: die Herren beim Handball, die Damen beim Fußball.
Die Politiker einigen sich auf die Rente mit 67.
Ein verhängnisvoller Urlaubsflirt. Der 17 Jahre alte Schüler Marco W. aus Uelzen wird in der Türkei festgenommen.
Bei einem Amoklauf schießt ein 23 Jahre alter Student an der US-Universität Virginia Tech 32 Menschen, anschließend tötet er sich selbst.

Das Rauchverbot an Schulen und anderen öffentlichen Einrichtungen wird eingeführt.

Terror und Sicherheitswahn: Der Ostsee-Ort Heiligendamm wird zur Festung während des G8-Gipfels, sogar Tornado-Flugzeuge der Bundeswehr werden eingesetzt. Im Gazastreifen herrscht Bürgerkrieg, in London und Glasgow Terroralarm.

Tausende buddhistische Mönche protestieren in Birma friedlich gegen das Militärregime, die diese mit Gewalt niederschlagen.

Und zum Jahreswechsel dann noch der Terror in Pakistan.

Soweit der kleine Rückblick, die Bilanz, in der Welt.

Wie immer dann auch die eigene Bilanz ausfallen mag -, jetzt ist das neue Jahr angebrochen. Und wahrscheinlich haben wir wieder unsere Hoffnungen und Wünsche für die vor uns liegende Zeit zum Ausdruck gebracht: Glück und Gesundheit vor allem wünschen wir uns, erfüllende Begegnungen mit anderen Menschen, Frieden in der Welt. Nicht alles wird sich von heute an vollkommen ändern. Im Gegenteil! Jedes Jahr baut viel stärker auf dem vorangehenden auf, als man meinen sollte, wenn wir vom „Jahreswechsel" sprechen. Die neuen Möglichkeiten, auf die wir uns einstellen, spielen sich meist in engen Grenzen ab. Das heißt aber nicht, dass es gar keine Veränderung mehr geben würde. Alles Leben ist dem beständigen Wandel unterworfen -, weil es Leben ist. Und das ruft manchmal ein Gefühl der Ungewissheit hervor, selbst wenn unsere Lebensverhältnisse weitgehend stabil sein sollten.

Mit unserer Hoffnung auf die neuen Möglichkeiten des Jahres 2008 verbindet sich die Suche danach, was uns mitten in dieser Unsicherheit Halt verleiht. Worauf können wir uns felsenfest verlassen, was ist nicht dem Wandel preisgegeben? Denn ohne Verlässlichkeit droht alles ins Wanken zu geraten – nicht nur die Welt, sondern vor allem wir selbst. Die Jahreslosung für das Jahr 2008 möchte uns diesen Halt verleihen: Sie stammt aus dem Johannesevangelium und lautet: *„Jesus Christus spricht: Ich lebe, und ihr sollt auch leben."*

Leben – wer wollte das nicht? Die Werbung macht es uns vor:

Teekanne – und das Leben schmeckt schön

Aspirin – Medizin deines Lebens

Eurocard – Willkommen im Leben

Hamburg-Mannheimer – damit sie mehr vom Leben haben

Das Leben ist schon, schön mit Jade

T-Home – eine Verbindung fürs Leben

Ikea – wohnst du noch oder lebst du schon?

Schau'n Sie mal im Internet unter www.slogans.de nach und Sie finden über 900 Werbesprüche in denen das Wort „Leben" vorkommt. Leben – von kaum einem Wort geht solche eine Faszination aus! Denn jedes Leben ist einmalig. Wir leben dieses eine Leben – und kein anderes. Deshalb bestimmt uns die Sehnsucht, dass es glückt, dass es gelingt, damit wir uns daran freuen können und es uns nicht zur Last wird. *„Jesus Christus spricht: Ich lebe, und ihr sollt auch leben."* Diese Worte gehören zu den Abschiedsreden Jesu im Johannesevangelium. Im 13. Kapitel wird erzählt, dass Judas die Jünger verlassen hat, um Jesus zu verraten. In den Kapiteln 14 bis 17 wendet sich Jesus dann mit diesen Reden an seine Jünger, bevor dann in Kapitel 18 seine Verhaftung und Verurteilung dargestellt werden, die dann mit seiner Hinrichtung am Kreuz vollzogen wird. Insofern sind die Worte der Jahreslosung Worte angesichts des Todes. Sie sind voller innerer Spannung: Jesus, der bald sterben muss, redet davon, dass er lebt, und dass auch die, die zu ihm gehören, leben sollen. Der schon Tod-geweihte ist in Wahrheit der Lebende, und die, die jetzt noch leben, aber doch dem sicheren Tod entgegengehen, sollen gleichfalls leben. Es ist Ostern mitten im Winter und gilt für alle Zeiten. Damit wird deutlich: Es geht hier nicht einfach um Leben zwischen Geburt und Tod, sondern um mehr. In der Sprache des Neuen Testamentes: Es geht um das „ewige Leben", das natürlich nicht erst nach dem Tod beginnt, sondern schon im Hier und Heute gelebt wird. Es gibt einen Unterschied zwischen dem bloß äußerlichen Leben, das aus „Schlaf und Arbeit, Spaß und gutem Essen" besteht, und dem wahren Leben, das für eine andere Dimension mitten in diesem Leben steht. *„Jesus Christus spricht: Ich lebe, und ihr sollt auch leben."* Wenn Jesus sagt „Ich lebe", dann meint er damit nicht jenes biologische Leben, das ihm demnächst genommen wird. Er meint ein Leben, das über den Tod hinausgeht. Seine Auferstehung von den Toten eröffnet einen neuen Horizont des Lebens: das Leben mit und bei Gott. Und diese Hoffnung ist so stark, dass jenes Leben nicht bloß jenseits des Todes erwartet wird, sondern schon jetzt gegenwärtig ist. Die Jünger erfahren eine Verbundenheit mit Jesus, die nicht zerbrechen wird – weder durch seinen Tod noch durch ihren. Mit den Worten „Ihr sollt auch leben" wird den Jüngern dieses wahre, dieses ewige Leben verheißen. Die Grundlage dieses Lebens ist die Beziehung zu Jesus, die weitergeht, auch wenn das biologische Leben zu Ende geht. In Jesu Worten liegt ein Überschuss an Hoffnung, die unsere Welt und die engen Grenzen von Raum und Zeit überschreitet. Unser Leben, so beglückend es auch sein mag, bleibt stets befristet. Jeder Jahreswechsel, aber auch jeder Abschied macht uns das deutlich. Selbst die Schöpfung, die uns umgibt und an deren Schönheit wir uns freuen, ist nicht das Letzte und Bleibende. Es gibt ewiges Leben, dem der Tod nichts anhaben kann. Wer das begriffen hat und sich auf Jesu Worte verlässt, dass niemand uns aus seiner Hand reißen kann, gewinnt die entscheidende Perspektive im Umgang mit der Zeit und allem Wandel unseres Lebens. *„Jesus Christus spricht: Ich lebe, und ihr sollt auch leben."* Darauf können wir vertrauen, damit können wir leben. So wird es eine gesegnete Zeit.

Und der Friede Gottes, der höher ist als all unsere Vernunft, bewahre darum unsere Herzen und Sinne in Christus Jesus, unserem Herrn. Amen.

Neujahrstag; Andacht im Krankenhaus zur Jahreslosung 2011

Liebe Schwestern und Brüder,

das Jahr 2010 ist zu Ende gegangen. Wir blicken zurück: Dankbar und glücklich über das, was gelungen ist und Freude gemacht hat.
Traurig und herzensschwer, wenn an die Verluste gedacht wird, die zu beklagen sind.
Enttäuscht vielleicht, wer sich an unerfüllte Hoffnungen erinnert.
Vielleicht war das vergangene Jahr mit mancher Aufregung verbunden: durch eine Krankheit, die einen befallen oder wieder erneut eingeholt hat, einen Unfall oder durch psychische Schmerzen. Freud und Leid lagen auch im vergangenen Jahr wieder dicht beieinander.
Vielleicht ist Ihnen die Jahreslosung für 2010 noch in Erinnerung: *„Euer Herz erschrecke nicht. Glaubt an Gott und glaubt an mich."* Dies spricht Jesus seinen Jüngern in seinen Abschiedsreden zu. Er tröstet sie mit diesen Worten, spricht ihnen Mut zu. Diese Zusage gab seinen Jüngern damals und gibt uns heute auch in schweren Zeiten Halt und Hoffnung. Sie gilt auch im neuen Jahr. Als zusätzliche Gehhilfe ist uns auch in diesem Jahr wieder ein Bibelwort an die Seite gegeben. Es ist ein Vers aus dem Brief des Apostels Paulus an die Römer. Er steht dort im 12. Kapitel und lautet:
„Lass dich nicht vom Bösen überwinden, sondern überwinde das Böse mit Gutem."
Die Jahreslosung für das Jahr 2011 scheint zunächst eine Überforderung. Dessen ist sich Paulus bewusst, wenn er einige Kapitel zuvor ganz ehrlich schreibt:
„Wollen habe ich wohl, aber das Gute vollbringen kann ich nicht. Denn das Gute, das ich will, das tue ich nicht; sondern das Böse, das ich nicht will, das tue ich." (Römer 7, 18b+19).
Wir sind schon seltsame Heilige. Trotzdem hält Gott zu uns, auch wenn das Böse immer wieder auf fruchtbaren Boden bei uns fällt. Oft ganz unspektakulär, in Form von alten Geschichten, die immer wieder in uns hochkommen, die unser Vertrauen erschüttern, uns verletzt oder enttäuscht haben. Wir fühlen uns ungerecht behandelt, schrauben uns in die zerstörerischen Gedanken hinein und sind ihnen ausgeliefert. Wie oft hofften wir schon, darüber hinweg zu sein!
Unser Leben zwischen Gut und Böse.
Eine kleine Geschichte macht deutlich, was in dieser Situation hilft:

Zwei Wölfe

Eine alte Indianerin saß mit ihrer Enkelin am Lagerfeuer. Es war schon dunkel geworden, das Feuer knackte, die Flammen züngelten zum Himmel.
Die Alte sagt nach einer Weile des Schweigens: „Weißt du, wie ich mich manchmal fühle? Es ist, als ob zwei Wölfe in meinem Herzen miteinander kämpfen würden. Einer der beiden ist

rachsüchtig, aggressiv und grausam.
Der andere ist liebevoll, sanft und mitfühlend."
„Welcher der beiden wird den Kampf in deinem Herzen gewinnen?", fragte das Mädchen.
Bedächtig antwortete die Alte: „Der, den ich füttere."

Den guten, liebevollen, sanften, mitfühlenden Wolf in uns füttern.
Wie macht man das?
Indem wir Gottes Lebensbotschaft, wie sie uns in der Bibel begegnet, uns zum täglichen Brot werden lassen. Und indem wir Gott täglich und immer wieder von neuem bitten, dass seine Kraft uns hilft, das Böse mit Gutem zu überwinden.

Mehr als kleine und fehlerhafte Anfänge werden uns im neuen Jahr und in diesem Leben nicht gelingen. Aber diese kleinen Anfänge sind unsere Aufgabe, zu der uns Gott das Gelingen schenken will. Amen

2. Sonntag nach dem Christfest; Predigttext 1. Joh 5, 11-13

Der Predigttext des heutigen Sonntags steht in 1. Johannes 5, 11-13:

Und das ist das Zeugnis, dass uns Gott das ewige Leben gegeben hat, und dieses Leben ist in seinem Sohn.
Wer den Sohn hat, der hat das Leben; wer den Sohn Gottes nicht hat, der hat das Leben nicht.
Das habe ich euch geschrieben, damit ihr wisst, dass ihr das ewig Leben habt, die ihr glaubt an den Namen des Sohnes Gottes.

Herr, gib, dass wir recht hören und reden. Amen.

Liebe Gemeinde,
alle Menschen sehnen sich nach einem Leben, das diesen Namen verdient. Leben können, das ist die Summe all dessen, was wir uns wünschen. Leben können – davon hat jede und jeder von uns eine Vorstellung. Wenn wir an die Grenzen des Erträglichen kommen, sagen wir:
„Das ist doch kein Leben!" Leben wollen wir alle – so unterschiedlich unsere Vorstellungen davon sind. Aber gibt es da, „das Leben *haben*"? Wer einen Leistungssportler nach dem Leben fragt, bekommt vielleicht den Wunsch nach großem Erfolg in diesem olympischen Jahr genannt. Wer nicht oder nicht mehr sportlich ist, versteht unter Leben etwas ganz anderes.
Wer jung ist, erwartet für sein Leben, dass etwas ganz Tolles passiert, dass endlich das wirkliche Leben beginnt. Frei sein und das Leben entdecken jenseits der Enge, die zu Hause herrscht! Wer älter geworden ist, wünscht sich das Leben ruhiger, mit weniger Hektik, dafür stärker in häuslicher Geborgenheit. Wer von uns Menschen „hat" das Leben? Sind es die Stars, die bei festlichen Galas gesehen werden wollen und sich entsprechend aufwändig kleiden? Sind es die Erfolgreichen, die sich Wünsche erfüllen können, die andere nicht einmal zu träumen wagen? Wer von ihnen allen „hat" das Leben? Kann man auf solche Art und Weise das Leben besitzen? Eigene oder fremde Erfahrungen sagen uns, dass man das Leben nicht wie einen Besitz „haben", nicht darüber verfügen kann. Es scheint aber doch eine Möglichkeit zu geben. Denn in unserem heutigen Predigttext heißt es: „Wer den Sohn *hat*, der *hat* das Leben." Ungewohnt klingt das, fast anmaßend. Das Leben zu besitzen, schließlich auch noch das „ewige Leben", wie kann das zugehen? Es ist uns vertraut, vom Leben als einem *Geschenk* zu sprechen. Wir meinen damit, dass wir uns unser Leben nicht selbst schaffen und erarbeiten können, dass wir unseren Anfang und unser Ende nicht selbst bestimmen. Leben ist immer *geschenktes Leben*. Leben verdankt sich immer einem Höheren, von dem wir kaum mehr als eine Ahnung haben. Leben gelingt, wenn sich Liebe und Glück einstellen – doch so viel

wir sie ersehnen, so wenig können wir darüber verfügen. Leben bleibt ein Geschenk, an das uns die Schöpfungsgeschichte erinnert. Gott schuf das Leben. *„Gott sprach: Lasset uns Menschen machen... Und er schuf sie als Mann und als Frau."* Leben wird uns von Gott geschenkt, sagt der 1. Johannesbrief. Und das ist mehr als die paar Sommer und Winter unserer Erdentage. Es geht darum, *„...das uns Gott das ewig Leben gegeben hat, uns dieses Leben ist in seinem Sohn."* Feierlich klingt das, und Johannes wiederholt es immer wieder. Zum Beispiel so: *„Darin ist erschienen die Liebe Gottes unter uns, dass Gott seinen eingeborenen Sohn gesandt hat in die Welt, damit wir durch ihn leben sollen."* Denen, die es nicht glauben können oder wollen, dass Weihnachten etwas ändert in dieser Welt, denen, die nicht nur etwas fürs Gefühl, sondern für den Alltag brauchen, um durch zu kommen – denen soll deutlich werden: Es ist wirklich etwas passiert zwischen Himmel und Erde in der heiligen Nacht: Gott liebt uns nicht aus dem fernen, hohen Himmel, wo er nichts fühlen und wissen kann von den Kämpfen unseres Lebens, sondern er ist zu uns gekommen. Dahin, wo es dunkel ist, wo Fragen und Sorgen drücken, wo Einsamkeit und Angst quälen und Lieblosigkeit an der Tagesordnung ist. Hier will Gott bei uns sein, damit wir nicht allein sind. Hell soll unser Leben werden und hoffnungsvoll, weil da einer ist, der uns liebt: Gott, der Mensch wurde in seinem Sohn. Gott liebt uns: Sie und mich. Liebt uns ohne Bedingung und ohne Einschränkung. Daran sollen wir uns erinnern, wenn wir zurück blieben und wenn wir nach vorne schauen. Gott liebt uns, und das kann alles andere im Leben beeinflussen. Darauf kommt alles an. Wer einmal Gottes Liebe erfahren hat, kommt nicht mehr davon los. So außergewöhnlich ist sie, so unverwechselbar. Angefangen hat es mit Jesus von Nazareth. Das Leben mit ihm hat seinen Jüngerinnen und Jüngern die Augen geöffnet für das Wesentliche im Leben: dafür, dass das Leben von Gott kommt. Dadurch hat das eigene Leben eine neue Richtung bekommen. Liebe der Menschen zueinander wird nun möglich, weil Gott Liebe ist. Schuld kann vergeben werden und muss nicht länger trennen. Deshalb ermahnt uns Johannes, bei Gott zu bleiben, damit wir die wirklich Liebe in unserem Leben erfahren können. Er sagt: *„Gott ist die Liebe; und wer in der Liebe bleibt, der bleibt in Gott und Gott in ihm."* Johannes kämpft in seiner Zeit darum, die menschliche Seite von Jesus nicht zu vergessen. So unendlich und unbegreifbar die Größe Gottes auch ist – für uns hat sich Gott in der Niedrigkeit des Kindes im Stall von Bethlehem gezeigt. Und in seiner Bereitschaft, den Leidensweg zu gehen bis an das Kreuz. In diesem Sohn Gottes ist das Leben, sagt Johannes. Und um recht verstanden zu werden, schreibt er so zugespitzt: *„Wer den Sohn hat, der hat das Leben."*

Mutter Teresa hat ihre Beziehung zu Jesus Christus so ausgedrückt:

„Jesus Christus,
er ist das Leben, das ich leben möchte,
er ist das Licht, das ich anzünden möchte,
er ist die Freude, die ich teilen möchte,

er ist der Friede, den ich geben möchte.
Jesus ist alles in allem für mich.
Ohne ihn kann ich nichts tun."

Mutter Teresa hat uns ein Beispiel gegeben, wie wahres Leben weitergegeben wird: „Jesus Christus – er ist das Leben, das ich leben möchte." In ihrem unermüdlichen Einsatz für geschundene Menschen hat sie die Liebe weitergegeben, die sie selbst als Geschenk erfahren hat. Wahres Leben erfahren wir nur als Geschenk. Gott schenkt uns seinen Sohn und mit ihm das wahre Leben. Leben, das uns verheißen ist für alle Tage des neues Jahres, Kraft und Hoffnung auch vor neuen Hürden und schweren Aufgaben. Wer das Leben gewinnen will, findet bei Jesus Christus das eigentliche Leben, den Weg, der weiterführt, und die Wahrheit, die frei macht.

Und der Friede Gottes, welcher höher ist als all unsere Vernunft, bewahre darum eure Herzen und Sinne in Christus Jesus, unserem Herrn.
Amen.

2. Sonntag nach dem Christfest; Predigttext Lukas 2, 41-52

Liebe Gemeinde,

nach all den Feiertagen sehnen sich viele von uns wieder nach dem Alltag.

Weihnachten, Silvester und Neujahr liegen hinter uns. Dazwischen noch ein ganz gewöhnlicher Sonntag. Und die Tage drum herum waren auch anders, herausgehoben, eben kein Alltag, sondern „Feiertage". Der Alltag beginnt jetzt mit der neuen Woche: der ersten vollen im neuen Jahr. Das heißt, noch nicht so ganz, denn es sind ja noch Ferien. Die Kinder haben noch eine freie Woche vor sich, bevor es auch für sie wieder Alltag wird.

Die Geschichte von Maria, Josef und Jesus, die wir heute hören, hat auch etwas mit einem Fest und der Rückkehr in den Alltag zu tun: Der zwölfjährige Jesus im Tempel. Ich lese dazu aus Lukas 2:

Und seine Eltern gingen alle Jahre nach Jerusalem zum Passafest.

Und als er zwölf Jahre alt war, gingen sie hinauf nach dem Brauch des Festes.

Und als die Tage vorüber waren und sie wieder nach Hause gingen, blieb der Knabe Jesus in Jerusalem und seine Eltern wussten's nicht.

Sie meinten aber, er wäre unter den Gefährten, und kamen eine Tagereise weit und suchten ihn unter den Verwandten und Bekanten.

Und da sie ihn nicht fanden, gingen sie wieder nach Jerusalem und suchten ihn.

Und es begab sich nach drei Tagen, da fanden sie ihn im Tempel sitzen, mitten unter den Lehrern, wie er ihnen zuhörte und sie fragte.

Und alle, die ihm zuhörten, verwunderten sich über seinen Verstand und seine Antworten.

Und als sie ihn sahen, entsetzten sie sich. Und seine Mutter sprach zu ihm: Mein Sohn, warum hast du uns das getan? Siehe, dein Vater und ich haben dich mit Schmerzen gesucht.

Und er sprach zu ihnen: Warum habt ihr mich gesucht? Wisst ihr nicht, dass ich sein muss in dem, was meines Vaters ist?

Und sie verstanden das Wort nicht, das er zu ihnen sagte.

Und er ging mit ihnen hinab und kam nach Nazareth und war ihnen untertan. Und seine Mutter behielt alle diese Worte in ihrem Herzen.

Und Jesus nahm zu an Weisheit, Alter und Gnade bei Gott und den Menschen.

Herr, segne du Reden und Hören. Amen.

Liebe Gemeinde,

„Jesus wird flügge" – so könnte ein Titel für die gerade gehörte Geschichte in einer modernen Bibelübersetzung lauten. *„Flügge werden":* das sagt man zu den ersten selbstständigen Geh- und Flugversuchen von solchen Menschenkindern, die nicht mehr nur kindlich, aber auch noch nicht junge Erwachsene sind, sondern irgendwo dazwischen mit ihren 12 oder 13 Jahren am Beginn der Pubertät.

Flugversuche auf der Suche nach sich selbst:
was geht in und mit mir vor?
wer bin ich?
wem kann ich vertrauen?
wer sind meine Freunde?
woran soll ich mich orientieren?
Und immer sind diese ersten staksigen Suchbewegungen solche, mit denen man sich vom Elternhaus absetzt, von den Alten, die zwar alles besser, aber eben nicht das Richtige wissen.

Auch der zwölfjährige Jesus vollführt eine solche erste Absetz- und Suchbewegung, allerdings ist sie durchaus nicht staksig und vage, nein, der hochbegabte Knabe weiß schon recht genau, was er will und wo er suchen muss. Ws ist passiert? Am Sabbat nach dem 13. Geburtstag feiert man heute im Judentum die *Bar Mizwa*. Das ist etwas ähnliches wie bei uns die Konfirmation. Die Jugendlichen lesen zum ersten Mal aus der Thora im Gottesdienst vor. Sie werden erwachsen. Haben selbstständig für die Einhaltung der Gebote zu sorgen, sind sozusagen *religionsmündig*. Zu Jesu Zeiten gab es die Bar Mizwa, so wie sie heute gefeiert wird, zwar noch nicht. Aber dass die Geschichte auch mit Jesu Erwachsenwerden zu tun hat, ist klar. Jesus geht mit seinen Eltern nach Jerusalem, um dort *Pessach* zu feiern, das Fest, da alle jüdischen Familien den Auszug aus der ägyptischen Sklaverei acht Tage lang im Tempel zu Jerusalem feiern. ie Stadt „brummt", ist voller Menschen, mitgebrachtem Vieh und allerlei Handelswaren. Denn es gehört zu den religiösen Pflichten im Judentum, zu Pessach aus ganz Israel und aus allen Ländern nach Jerusalem zu ziehen, mit der ganzen Familie, um im Tempel zu beten, Opfer darzubringen und - wie es öfter in der Weisung, in der Thora heißt – um vor dem Angesicht Gottes zu feiern, also fröhlich zu sein. Pessach, zusammen mit Pfingsten und dem Laubhüttenfest, gehört zu den drei sogenannten *Wallfahrtsfesten* in Jerusalem, das deshalb zur Festzeit voll, ja übervoll war. Jesu Eltern gingen jedes Jahr dorthin. In diesem Jahr kann Jesus mitkommen. Er ist schon zwölf Jahre. Das Entscheidende in der Geschichte geschieht auf dem Nachhauseweg, auf dem Weg zurück in den Alltag. Im Gewühl und Gedränge des allgemeinen Aufbruches am Ende des Festes gerät Jesus außer Sichtweite der Eltern; doch die sind zunächst unbesorgt und wähnen den Knaben bei der Reisegesellschaft, bei den Verwandten und Bekannten der Familie. Schon eine Tagesreise auf dem Heimweg aber müssen sie bestürzt feststellen, dass der Junge wohl schon in Jerusalem verloren gegangen ist. Eilig kehren die Eltern um und finden ihr Kind nach drei Tagen ihrer angstvollen Suche endlich im Tempel. Die Mutter - recht typisch - geht ihren Sohn mit einer Mischung aus Moral und verletztem Gefühl an: *„Kind, warum hast du uns das angetan?"* Und mit pädagogischem Geschick fährt sie fort, den schweigsamen Vater miteinbeziehend: *„Siehe, dein Vater und ich suchen dich mit Schmerzen."* Die Eltern als Block, als Einheit, die sich nicht auseinanderdividieren lässt, nicht im Gefühl und nicht in der Vorhaltung: *„Kind, warum hast du uns das angetan?"* Und der Junge antwortet - typisch Jesus - mit einer Gegenfrage. Die Antwort ist so trotzig-schroff wie abgeklärt, und sie fällt verletzend aus: *„Warum habt ihr mich gesucht? Wusstet ihr nicht, dass ich in dem sein muss, was meines Vaters ist?"* Fast will es scheinen, als ob die Abgeklärtheit, die Jesus seinen Eltern zeigt, die eigene Verletztheit verbergen soll. Verletzt deshalb, weil die Eltern ihn und das, was ihn antreibt, sowenig verstehen. *„Wisst ihr denn nicht, dass ich noch eine andere Herkunft und ein anderes Ziel habe als eure Enge da in Nazareth, dass ich nie und nimmer ein Handwerker und Zimmermann wie du, lieber Vater Josef, sein werde. Hierher nach Jerusalem gehöre ich, hier kann ich lernen und lehren, und hier bin ich meinem himmlischen Vater nahe, hier im Tempel zu Jerusalem."* So ist es also heraus, die Ankündigung, die Eltern zu verlassen, und die Aufkündigung, ihnen zuzugehören. Vaterschaft gegen Vaterschaft – das verletzt, und kein Wunder, wenn Lukas vermerkt: *„und die Eltern verstanden das Wort nicht, das Jesus zu ihnen gesagt hatte."* Natürlich verstehen sie nicht, was Jesus damit sagen will. Wir verstehen es ja auch nur deshalb, weil wir die Geschichten von Jesus kennen, die sich dann etwa 18 Jahre später abgespielt haben: die Geschichten vom erwachsenen Jesus. Ohne diese Kenntnis wären wir genauso unverständig wie Maria und Josef dort im Jerusalemer Tempel. Und wir würden die Schreinerwerkstatt für sein Haus halten und nicht das Gotteshaus. Und obwohl Maria Jesus nicht verstand, heißt es doch von ihr: *„Und seine Mutter behielt diese Worte in ihrem Herzen."*

Es ist ja so, dass da etwas gelegt ist, was keimen und wachsen kann in ihrem Herzen. Ohne das auch Maria wahrscheinlich irre geworden wäre an ihrem Sohn und seinem Leben.
Weil in der Zeit des Erwachsenwerdens ihres Sohnes immer wieder etwas in ihr Herz gelegt wurde, wuchsen Glaube, Zuversicht und Vertrauen in ihr.
Liebe Gemeinde, nach all den Feiertagen sehnen sich viele nach dem Alltag, der jetzt kommt. Ich sagte es bereits am Anfang. Doch der Alltag hat sich mit dem Fest verändert, weil auch bei uns wieder etwas ins Herz hineingelegt wurde. Weil auch wir die Botschaft der Engel wieder neu vernommen haben: Der Heiland ist geboren. Da wachsen und gedeihen Glaube und Zuversicht als

Arznei gegen alle Resignation und Starrheit des Alltags. Diese Worte im Herzen machen den Alltag hell, verändern ihn. Lassen ihn mir neu erstrahlen.

Die Geschichte von Maria, Josef und ihrem halbwüchsigen Sohn Jesus ist damit noch nicht zu Ende. Jesus folgt seinen Eltern gehorsam nach Nazareth zurück und bleibt für viele weitere Jahre in der elterlichen Obhut. Da heißt es: *„Und er ging mit ihnen hinab und kam nach Nazareth und war ihnen untertan."* Natürlich ist damit erst mal gemeint: Er ging hinab von Jerusalem nach Nazareth – von der auf dem Berg liegenden Stadt Jerusalem in das weit tiefer gelegene Nazareth. Aber es ist auch ein Bild:

Jesus geht mit hinab in die tiefer liegenden Zeiten des Lebens.

Er geht mit hinab in den Alltag.

Er teilt unser Menschsein in all seine Facetten und Farbschattierungen, die es hat.

Er teilt die Gefühle der halbwüchsigen Jugendlichen, die noch auf der Suche sind nach ihrem Weg. Die hin- und hergerissen sind, zwischen Rebellion und dem Finden ihres eigenen Platzes. Jesus ist einer von ihnen. Jesus zeigt in dieser Geschichte wohin er gehört. Aber er zieht sich nicht in den Tempel zurück, sondern er teilt den Alltag der Menschen. Er ist nicht nur der Heiland von Weihnachten, nicht nur der Heiland des Sonntags, sondern der Heiland der Woche, des Alltags. Er ist hinabgestiegen in die Tiefen unseres Alltags. Und letztendlich sogar in die Tiefen des Todes, wie wir es im Glaubensbekenntnis bekennen. So ist es gut, dass wir Weihnachten feiern durften. Dass uns wieder etwas ins Herz gelegt wurde. Doch es ist auch gut, dass nun wieder Alltag ist. Ein Alltag, in dem wir nicht allein sind, sondern in dem uns Jesus nahe ist.

Und der Friede Gottes, der höher ist als all unsere Vernunft, bewahre darum unsere Herzen und Sinne in Christus, Jesus, unserem Herrn. Amen.

1. Sonntag nach Epiphanias; Predigttext Römer 12, 1-3

Liebe Gemeinde,
solange es Menschen gibt, solange gibt es Religionen. Und solange es Religionen gibt, solange gibt es Opfer: Ich gebe etwas her, damit ich von Gott etwas bekomme. Ich schlachte ein Opfertier, damit Gott es regnen lässt. Ich verbrenne Räucherstäbchen, damit Gott mir einen Wunsch erfüllt. Ich bete viele Gebete, damit Gott mir freundlich gesinnt ist. Ich verspreche Gott, mit dem Rauchen aufzuhören, damit er mein Kind gesund werden lässt. Ich rutsche auf Knien eine Treppe hinauf, damit Gott mich in den Himmel kommen lässt. Und fast genauso alt wie Religion ist der Streit darum, wie der richtige Gottesdienst aussehen soll. Das geht bis heute so. Die Einen sagen: der richtige Gottesdienst, der muss von einem besonders dafür geweihten Menschen geleitet werden, der zum Zeichen seiner hohen Würde auch nicht heiraten darf. Alles andere zählt nicht. Die Anderen sagen: Wichtig im Gottesdienst ist, dass eine Orgel spielt und dass alles seinen geordneten Gang geht, mit alten, ehrwürdigen Formulierungen. Wieder andere sagen: nein, im richtigen Gottesdienst sollen am besten alle schweigen und in der Stille auf Gott hören. Und andere behaupten: der richtige Gottesdienst ist der, in dem es so richtig fetzig zugeht, mit Gitarren und Schlagzeug und alle dürfen was sagen, wenn sie wollen, und nix darf vorformuliert sein. Ich soll heute über einen Abschnitt aus dem Römerbrief des Apostels Paulus predigen, in dem es genau um diese Fragen geht: Um Opfer und um Gottesdienst. Und eines kann ich jetzt schon sagen: Gott kann solche Opfer, von denen ich gesprochen habe, überhaupt nicht brauchen. Er ist an solchen Opfern nicht im Geringsten interessiert. Er will sie nicht. Und von den Gottesdiensten, von denen ich gerade gesprochen habe, ist keiner richtig, denn unter Gottesdienst versteht Gott etwas völlig anderes.
Ich lese den Predigttext aus Römer 12 (1-3):

Ich ermahne euch nun, liebe Brüder, durch die Barmherzigkeit Gottes, dass ihr eure Leiber hingebt als ein Opfer, das lebendig, heilig und Gott wohlgefällig ist. Das sei euer vernünftiger Gottesdienst. Und stellt euch nicht dieser Welt gleich, sondern ändert euch durch Erneuerung eures Sinnes, damit ihr prüfen könnt, was Gottes Wille ist, nämlich das Gute und Wohlgefällige und Vollkommene.
Denn ich sage durch die Gnade, die mir gegeben ist, jedem unter euch, dass niemand mehr von sich halte, als sich's gebührt zu halten, sondern dass er maßvoll von sich halte, ein jeder, wie Gott das Maß des Glaubens ausgeteilt hat.

Herr, öffne unsere Ohren und unser Herz, dass wir verstehen, was du uns sagen willst. Amen.

Wissen Sie, was mir als erstes eingefallen ist bei dem: „Gebt eure Leiber hin als lebendiges Opfer!" ? Ich musste an die Selbstmordattentäter denken. An diese fundamental-islamistischen Terroristen, die sich kiloweise Sprengstoff um den Körper binden und sich damit in die Luft sprengen und Dutzende Unschuldige umbringen. Und sie sind vor allem deshalb zu Selbstmord und Mord bereit, weil sie ihre Tat als heilige und Gott wohlgefällige Tat verstehen. – Selbstmord und Mord ist nicht gut, und Leute in die Luft sprengen schon gleich gar nicht. Und mit dem Gebot der Nächsten- und Feindesliebe geht das überhaupt nicht zusammen. – Nein, auf Paulus oder auf Gott können sich Selbstmordattentäter nicht berufen!

Aber zurück zu Paulus. Er geht ganz schön in die Vollen, finde ich. Halbe Sachen macht er wirklich nicht. Ganz oder gar nicht – das ist seine Devise. Und er fährt die Römer ganz schön scharf an: „Ich ermahne euch!" – Ich sehe da so richtig den schulmeisterlich erhobenen Zeigefinger und ich stelle fest: das gefällt mir nicht! Und so habe ich diverse Bibelübersetzungen zur Hand genommen und siehe da, ich habe eine gefunden, die mir eher zusagt, nämlich „die Bibel in gerechter Sprache". Da lautet dieser Abschnitt so:

„1 Ich ermutige euch, Geschwister: Verlasst euch auf Gottes Mitgefühl und bringt eure Körper als lebendige und heilige Gabe dar, an der Gott Freude hat. Das ist euer vernunftgemäßer Gottesdienst.

2 Schwimmt nicht mit dem Strom, sondern macht euch von den Strukturen dieser Zeit frei, indem ihr euer Denken erneuert. Dann wird euch deutlich, was Gott will: das Gute, das, was Gott Freude macht, das Vollkommene.

3 Durch die Befähigung, die Gott mir geschenkt hat, sage ich nun einer jeden und einem jeden von euch: Überfordert euch nicht bei dem, wofür ihr euch einsetzt, achtet auf eure Grenzen bei dem, was ihr vorhabt. Denn Gott hat jedem und jeder ein bestimmtes Maß an Kraft zugeteilt, Vertrauen zu leben."

Das klingt schon irgendwie anders, einladender finde ich. Es hört sich vielleicht ungewöhnlich an: Aber wir dürfen zur Vernunft kommen, weil Gott sich schon längst und immer wieder über uns erbarmt, mit uns gefühlt hat. Wir wissen es: Vieles was wir tun und manches, wie wir es tun, ist ganz und gar nicht vernünftig. Wir schaden manchmal uns selbst; Wir belasten die Umwelt; Wir denken, reden und handeln uns und anderen Menschen gegenüber oft genug unbarmherzig, ohne (Mit)-Gefühl. Aber Gott ist barmherzig, er fühlt mit. Auf dieser Grundlage ermutigt Paulus die Gemeinde in Rom. Das eigene leibliche Leben hingeben als ein Opfer!

Was ist denn das? Wie soll man das verstehen? Was ein Opfer ist, das war allen in Rom von Kindesbeinen an geläufig. Denn damals gab es keine Religion, in der nicht geopfert wurde:

Ich sagte es anfangs schon: Mit einem Opfer – so glaubte man – kann ich die Gottheit gnädig stimmen; Mit einem Opfer kann ich Einfluss nehmen auf die höheren Mächte; Mit einem Opfer kann ich mein eigenes Leben absichern gegen so manches Unheil, das da kommen könnte.

Auf diesem Hintergrund bekommen die Worte des Paulus ihr eigentliches Gewicht:

Was Paulus hier seinen Lesern – denen von damals und auch uns heute – abverlangt, das ist ein völlig neuer Umgang der Menschen mit Gott. Wenn es bisher in den alten Religionen ausgereicht hat, einen Teil seines Besitzes zu opfern, so fordert Paulus nun mit ermahnenden – in anderen Übersetzungen mit ermutigenden - Worten: Nicht einen Teil von dem, was ihr besitzt, sollt ihr Gott zum Opfer darbringen, sondern alles, was ihr seid. Euer ganzes leibliches Leben sollt ihr Gott übergeben! Gott will uns. Jeden einzelnen von uns. Mit Haut und Haaren, mit Leib und Seele. Was hier auf den ersten Blick aussieht wie ein unerfüllbarer Anspruch – was aussieht wie eine Forderung, die einen zu erdrücken droht – das ist auf den zweiten Blick und in Wahrheit die größte Entlastung für unser Leben überhaupt! Sollte vorher mit dem Tempelopfer die Gottheit gnädig gestimmt werden, so gilt nun für uns Christen: Wir müssen Gott nicht mehr gnädig stimmen. Aus sich heraus und in seinem Wesen ist Gott gnädig und barmherzig, geduldig und von großer Güte. So hat er sich uns in Jesus Christus offenbart.

Früher wollte man mit dem Tempelopfer das eigene Leben absichern, man wollte sich schützen gegen Krankheit und Unheil. Jetzt aber gilt für uns Christen: Als Kinder Gottes stehen wir unter seinem Schutz, was auch geschieht. Was uns auch zustoßen mag und was auch immer wir erleiden müssen: Gott will es mit uns tragen. In Jesus Christus hat er sich mit uns mit unserem Leben verbunden. Durch Jesus stehen wir nicht allein. Nach dem zuvor Gesagten ist eigentlich auch klar: Wer meint, es genügt, für Gott ab und zu am Sonntag eine Stunde zu opfern, ist total auf dem Holzweg. Unser Gottesdienst findet nicht am Sonntag in der Kirche statt, sondern jeden Tag und überall! Und unser Gottesdienst schaut nicht so aus, dass wir uns hinsetzen und berieseln lassen, sondern dass wir unser Leben ganz aktiv gestalten, und zwar so, dass es Gott gefällt. Und die Hauptprogramme sind: Nächstenliebe und Feindesliebe. Wer so lebt, der wird ziemlich bald feststellen: Ich bin ziemlich in der Minderheit mit meinem Lebensstil, mit meinen Ansichten und Überzeugungen. Ich muss ganz schön gegen den Strom der Masse schwimmen. Und deshalb sagt Paulus:

Stellt euch nicht dieser Welt gleich. Passt euch nicht an an die Werte und Denkmuster und Ziele des Zeitgeistes. Lasst euch nicht in ein Allerweltsschema pressen. Stellt euch nicht dieser Welt gleich, passt euch nicht an sie an. Das heißt jetzt nicht: Geht auf Abstand zu dieser Welt! Zieht euch zurück, haltet Distanz. So nach dem Prinzip: Die Menschen in der Welt gehen tanzen – also ihr nicht. Die Menschen in der Welt trinken Bier – also ihr nicht. Die Menschen in der Welt gehen in Vereine – also ihr nicht. Das hat Paulus sicher nicht gemeint.

Er meint wichtigere Denkmuster und Einstellungen, die wir nicht übernehmen sollen:
Wenn die Welt denkt und lebt: Jeder muss sich erst einmal um sicher selber kümmern, dann sagt Paulus: Nein, ihr seid dazu befreit, für andere mitzusorgen.
Wenn die Welt denkt und lebt: Für mehr Geld tu ich alles, dann sagt Paulus: Nein, das Geld ist ein Gott, der viel verspricht aber wenig hält und dich ganz fordert.
Wenn die Welt denkt und lebt: Alte und Behinderte sind nutzlos, sind Ballast, dann sagt Paulus: Nein, sie sind Königskinder und einmalig und wertvoll.
Wenn die Welt denkt: Gönn dir etwas! Kauf dir alles, was du dir leisten kannst, dann sagt Paulus: Gewöhn dir lieber einen einfacheren Lebensstil an, dann kannst du mehr mit echt Not leidenden teilen. Außerdem musst du dann nicht so viel Krempel abstauben und wirst nicht so fett.
Wenn die Welt denkt: Was geht es mich an, wenn im Pazifik Inseln im Meer versinken, dann sagt Paulus: Nein, wir alle sind mit dafür verantwortlich, weil wir die Abgase produzieren, die die Welt erwärmen und das Meer steigen lassen. Nächstenliebe statt Eigenliebe; Weltverantwortung statt Weltflucht, so könnte man sagen. Vielleicht denken Sie jetzt auch: Um Himmels willen, aber das Leben ist so kompliziert und komplex, wie soll ich da immer den Durchblick haben, was jetzt gerade das richtige ist, was Gott jetzt gerade von mir erwartet?
Wir Menschen hätten manchmal so gerne eine Art „Checkliste", auf der haarklein und für alle Einzelfälle aufgelistet ist, was jetzt gerade Gottes Wille ist, was hier in diesem speziellen Fall in Gottes Augen gut und richtig und wohlgefällig und vollkommen ist. Gott hat uns aber keine solche Checkliste gegeben. Paulus sagt: Das geht nämlich ganz anders. Weil das Christentum kein Prinzip ist, sondern etwas lebendiges. Als erstes sollen wir unser Denken erneuern. Das geht zum Beispiel indem wir aufmerksam lesen, wie Jesus gedacht und gesprochen hat. Wir sollen das aufsaugen und davon lernen, uns für den Geist Gottes öffnen. Und dann, sagt Paulus, dann könnt ihr selber erkennen und beurteilen und entscheiden, was jetzt gut und richtig ist. Wichtig ist: Er sagt ihr, ihr alle zusammen. Nicht ihr, jeder einzelne für sich. Und schon gar nicht: Euer Pfarrer für euch. Für Paulus ist die Gemeinschaft der Glaubenden ganz wichtig, die miteinander redet und darum ringt, zu erkennen, was Gott jetzt gerade will.
Wir begegnen im Alttag der Woche vielen Argumenten und Urteilen, vielen Behauptungen und Anweisungen. Gott möchte, dass wir kritisch sind und kritisch bleiben. Gott möchte, dass wir die Dinge in seinem Lichte beurteilen und prüfen. Und wenn wir gemeinsam prüfen, sind wir in unserem Urteil sicherer. Und trotzdem wird es vorkommen, dass wir uns täuschen. Dass wir völlig auf dem Holzweg sind. Aber das macht nichts – solange wir nicht verlernen, Fehler einzusehen und umzukehren. Wir müssen auch nicht vollkommen sein – es reicht völlig, dass Gott vollkommen ist. Und wir müssen uns nicht überfordern. Niemand soll mehr von sich halten, als er ist. Manche Menschen haben das Talent, die Probleme und Nöte anderer Menschen ganz auf sich zu nehmen –

bis sie darunter zusammenbrechen. Wir sollen das nicht tun. Keiner von uns ist der Retter der Welt. Wir sollen nicht mehr von uns halten und erwarten, als Gott uns gegeben hat. Aber auch nicht weniger. Oder positiv gesagt: Jede und jeder von uns hat von Gott etwas bekommen. Eine besondere Gabe, eine Fähigkeit. Jede und jeder kann etwas für Gott und seine Menschen tun. Keiner ist nutzlos, keiner kann nichts. Es ist spannend, die Gabe zu entdecken, die Gott mir gegeben hat. Und Paulus ermuntert uns, er macht uns Mut: Trau dich! Du kannst etwas für Gott tun! Auch du kannst dabei mithelfen, diese Welt heller und besser und hoffnungsvoller zu machen! Du kannst es! Entdecke, was in dir steckt, weil Gott es da hineingelegt hat. Weil Gott es gut meint mit dir. Weil Gott barmherzig ist.
Puh, das sind jetzt schon wieder tausend Dinge, die man sich vornehmen könnte für das neue Jahr. Doch darum geht es nicht. „Welche der Geist Gottes treibt, die sind Gottes Kinder", spricht uns der Wochenspruch zu. Ihr seid Gottes Kinder -, also könnt ihr euch treiben lassen von seinem Geist, und alles andere wird auch gelingen – mit seiner Hilfe.

Und der Friede Gottes, der höher ist als all unsere Vernunft, bewahre darum unsere Herzen und Sinne in Christus, Jesus. Amen.

1. Sonntag nach Epiphanias; Matthäus 4, 12-17

Liebe Gemeinde,

„endlich vorbei" mag vielleicht mancher gedacht haben, als die Weihnachtsfeiertage, der Silvesterabend und der Neujahrsmorgen vorüber waren und der Alltag wieder begann. Sicher war auch dieses Jahr die Vorfreude groß, die Erwartungen vielleicht wieder einmal überzogen und die Enttäuschung deshalb nicht zu vermeiden. Aber jetzt ist es geschafft. Die meisten Weihnachtsbäume sind schon abgeschmückt. – Ist wirklich schon alles vorbei? Nein. Mit Weihnachten ist nicht alles vorbei, mit Weihnachten fängt alles an! Das Kind in der Krippe, so anmutig und rührend wir dieses Bild uns immer vorstellen mögen und mit unserem Weihnachtsliedern besingen – es will und es muss erwachsen werden. Das Leben und die Geschichte dieses Kindes gehen weit über den Stall und die Krippe hinaus. Mit ihm beginnt etwas Neues, ein neuer Anfang. Jetzt, am Beginn eines neuen Jahres, ist das Thema „Neuanfang" auch uns nicht fremd. Ja, mit vielen guten Vorsätzen wollen wir neu anfangen. Neu anfangen wird auch Jesus. Die Lebenssituation vieler Menschen war damals durchaus nicht rosig. Es gab eine brutale Besatzungsmacht, unter der die Menschen litten. Es gab die aufrechten, gottesfürchtigen Menschen und die, welche sich im Negativen mit der Macht verbündeten und der Allgemeinheit schadeten. Wenn wir uns in unserer heutigen Welt umschauen, kommt uns dies alles doch sehr bekannt vor. In solchen Verhältnissen fängt Jesus neu an.

Hören wir dazu den Predigttext des heutigen Sonntags. Er steht beim Evangelisten Matthäus im 4. Kapitel (12-17):

Als nun Jesus hörte, dass Johannes gefangen gesetzt worden war, zog er sich nach Galiläa zurück.
Und er verließ Nazareth, kam und wohnte in Kapernaum, das am See liegt im Gebiet von Sebulon und Naftali,
damit erfüllt würde, was gesagt ist durch den Propheten Jesaja, der da spricht (Jesaja 8,23; 9,1):
»Das Land Sebulon und das Land Naftali, das Land am Meer, das Land jenseits des Jordans, das heidnische Galiläa,
das Volk, das in Finsternis saß, hat ein großes Licht gesehen; und denen, die saßen am Ort und im Schatten des Todes, ist ein Licht aufgegangen.«
Seit der Zeit fing Jesus an zu predigen: Tut Buße, denn das Himmelreich ist nahe herbeigekommen!

Herr, öffne unsere Ohren und unser Herz, dass wir dein Wort hören und verstehen. Amen.

Liebe Gemeinde,

vor kurzem erst wurde Jesus in Bethlehem geboren. Gerade erst haben ihn die drei Weisen aus dem Morgenland besucht – und schon ist er groß, erwachsen geworden und verlässt die Stadt seiner Eltern. Er lässt Nazareth, die Stadt seiner für uns verborgenen Kinder- und Jugendzeit, hinter sich, und zieht um nach Kapernaum am See Genezareth, im Gebiet der Stämme Sebulon und Naftali, nach Galiläa. Es ist eine Gegend, in der er sich lange aufhalten wird: Hier wird er selbstständig; hier geschehen die meisten Ereignisse, von denen uns die Bibel berichtet. Hier wird er Menschen heilen, Geschichten erzählen, Streitgespräche führen. Er wird viele Freunde gewinnen, aber sich auch so manche Gegner und Feinde einhandeln. In Galiläa wird sich zeigen, wer Jesus ist. Es beginnt damit, dass Jesus hört, dass man Johannes den Täufer, von dem er zuvor selbst getauft worden war, ins Gefängnis geworfen hat. Es war der Landesfürst Herodes, der ihn gefangen nehmen ließ, weil er dessen Lebenswandel kritisierte, unbequem und mit seiner Bewegung auch gefährlich für ihn geworden war. Zu diesem Zeitpunkt fängt Jesus an zu predigen. Und zwar übernimmt er die Worte Johannes des Täufers, in dem er den Menschen zuruft: „Tut Buße!“ und fügt hinzu: „denn das Himmelreich ist nahe herbeigekommen.“ Dennoch ist es keine Bußpredigt, die Jesus hier hält, sondern eine tröstliche Einladung zu einem neuen Leben, die bis heute gilt. Doch langsam. Wollen wir erst einmal genauer betrachten, wie der Evangelist Matthäus Jesu Auftreten beschreibt. Er versteht das Kommen Jesu, sein Wirken und Predigen als die Erfüllung einer vor vielen Jahrhunderten gegebenen Verheißung und Zusage des Propheten Jesaja, der da spricht:

„Das Land Sebulon und das Land Naftali, das Land am Meer, das Land jenseits des Jordans, das heidnische Galiläa, das Volk, das in Finsternis saß, hat ein großes Licht gesehen; und denen, die saßen am Ort und im Schatten des Todes, ist ein Licht aufgegangen.“

Als der Prophet damals seine Prophezeiung machte, war diese Landschaft gerade von den brutalen Assyrern verwüstet und seine Bewohner verschleppt worden. Als Jesus dort sein Evangelium verkündete, war diese Gegend von den Römern besetzt. Zu allen Zeiten ist dort gekämpft und Blut vergossen worden – bis zum heutigen Tag. Und diese Landschaft, dieses *„heidnische Galiläa“*, wo Menschen leben, die von Gott nichts wissen, hat das Licht des Erlösers gesehen. *„...das Volk, das in Finsternis saß, hat ein großes Licht gesehen; und denen, die saßen am Ort und im Schatten des Todes, ist ein Licht aufgegangen.“*

Ich finde, das ist ein bewegendes Wort. Ein Wort, das noch einmal an die Adventszeit und die Weihnachtsgeschichte erinnert. Das Leuchten des Sternes von Bethlehem, dem die Weisen aus dem Morgenland folgten. Sie, die von Jesus nichts wissen, folgen dem Licht und finden, was sie suchen: Das Licht der Welt. Der Evangelist Matthäus blickt mit den Augen Jesajas auf das menschliche Leben, das oft in Krisen steckt:

das Leben in Angst und Sorge, ohne Hoffnung und Glauben, fernab von Gott,

das Leben, das keine Perspektive für die Zukunft sieht,
das Leben im kalten Glanz von Macht und Konsum,
das Leben, das bestimmt ist vom harten Existenzkampf mit Gewinnern und Verlierern.
Dieses Leben wird als *Sitzen in der Finsternis* und als ein *Sitzen am Ort und im Schatten des Todes* beschrieben. Und genau dort wird Gott neu beginnen. Wo Finsternis ist, wo es den Menschen schlecht geht, unabhängig von der Ursache. Das Licht, Jesus Christus, muss in die Finsternis hinein. Dort macht es Sinn, dort verändert es etwas, dort beginnt etwas Neues. Jesus Christus sagt von sich: *„Ich bin das Licht der Welt. Wer mir nachfolgt, der wird nicht wandeln in der Finsternis, sondern wird das Licht des Lebens haben."* (Joh. 8, 12) Leben aus dem Tod - Dort, wo nichts mehr lebendig ist, wo die Liebe, die Freude, die Wärme verkümmert, wo tiefste Dunkelheit ist, dort taucht ein neues Licht auf: Es bedeutet Hoffnung, Freude und Aufatmen für die Einen. Erkennen und Energie zur Veränderung für die Anderen. Aber auch Erkennen und Erschrecken für die, welche die Schatten werfen oder sich im Finstern wohlgefühlt haben. Ihnen allen geht im Schatten des Todes ein Licht auf, verleiht neues Leben. Und so ruft Jesus den Menschen damals und uns heute zu: *„Tut Buße, denn das Himmelreich ist nahe herbeigekommen."* Es wird also nicht ohne eine neue Sicht und Ausrichtung unseres Lebens gehen. Dafür sollen wir uns bereit machen. Das Himmelreich ist uns mit Jesus, der als unscheinbares Baby an Weihnachten in unsere Welt kam, so nah gekommen. Und weil das so ist, ist die Umkehr, die Sinnesänderung, keine unerfüllbare Forderung mehr. Wir können Gott spüren und Seine Nähe fühlen, und damit sein Himmelreich. Ein neues weites Leben in Hoffnung und Licht, Gewissheit und Freude in einer Welt, die bestimmt wird von Finsternis und Tod. Die Verheißung vom Himmelreich weist sogar weit über unser begrenztes irdisches Leben hinaus: auf das Ewige Leben bei Gott in seiner Herrlichkeit. Und: Es ist nie zu spät für einen Neuanfang. Jederzeit dürfen wir von einem falschen Weg umkehren und die Befreiung von dem, was uns niederdrückt erfahren und spüren. Dann spüren wir auch die Wärme, die diese Befreiung verströmt. Spüren wie die Finsternis zurückweicht, und alles in uns durchflutet wird von Licht und Klarheit. Diese Veränderung strahlen wir aus und wird dann auch für unsere Mitmenschen sichtbar und spürbar. Jesus ist das Licht der Welt, es leuchtet in uns und wir können es an andere weitergeben.

Und der Friede Gottes, der höher ist als all unsere Vernunft, bewahre darum unsere Herzen und Sinne in Christus, Jesus. Amen.

2. Sonntag nach Epiphanias; Predigttext: Römer 12, 9-16

Liebe Gemeinde,

„Euer Herz erschrecke nicht" – sagt die Jahreslosung. Meins hat sich aber erschreckt, als ich den Predigttext für heute las. Paulus schreibt einen Brief an die Gemeinde in Rom, die er noch nicht kennt, aber demnächst besuchen möchte. Erschreckt habe ich mich als ich Paulus' viele Ermahnungen in diesem Brief las. 26 insgesamt. Einige wurden vergangenen Sonntag in Gottesdiensten behandelt, andere hören wir heute.

Ich lese aus Römer 12 (9-16):

Die Liebe sei ohne Falsch. Hasst das Böse, hängt dem Guten an.

Die brüderliche Liebe untereinander sei herzlich. Einer komme dem andern mit Ehrerbietung zuvor.

Seid nicht träge in dem, was ihr tun sollt. Seid brennend im Geist. Dient dem Herrn.

Seid fröhlich in Hoffnung, geduldig in Trübsal, beharrlich im Gebet.

Nehmt euch der Nöte der Heiligen an. Übt Gastfreundschaft.

Segnet, die euch verfolgen; segnet, und flucht nicht.

Freut euch mit den Fröhlichen und weint mit den Weinenden.

Seid eines Sinnes untereinander. Trachtet nicht nach hohen Dingen, sondern haltet euch herunter zu den geringen. Haltet euch nicht selbst für klug.

Herr, segne du Reden und Hören und danach Tun und Lassen. Amen.

Das reicht jetzt aber wirklich, mag so mancher von Ihnen und Euch denken. In uns klingen Ermahnungen im täglichen Leben auf: Zu Hause am Küchentisch sagt die Mutter zum Kind: Sitz still, zappel nicht so viel rum. Iss anständig, hör auf zu schmatzen.

Im Beruf kriegt man zu hören: wenn ihnen das nicht passt dann kündigen sie doch. Es gibt andere, die ihren Job gerne übernehmen.

Diese Beispiele könnten wir beliebig fortsetzen! Jeder kennt diese Ermahnungen und sie gehen einem ganz schön auf die Nerven. Am liebsten stellen wir unsere Ohren bei solchen Sätzen auf Durchzug. Doch Ermahnungen durchziehen unser ganzes Leben. Eltern, Erzieherinnen, Lehrer, Chefs: Niemand unter uns, der sie nicht kennt.

So stellt sich die Frage: - Aus welcher Motivation heraus entstehen Ermahnungen?

- Was drängt den Ermahner dazu sie auszusprechen?

Mag manche Ermahnung aus eigennützigen Motiven ausgesprochen werden, in aller Regel wird der Mahner aber unser Wohlergehen im Auge haben. Es soll uns gut gehen und unser Leben gelingen. Es ist entlastend zu wissen, dass die vielfältigen Ermahnungen des Apostels Paulus an eine christliche Gemeinde und nicht an einen einzelnen Menschen, einen einzelnen Christen, gerichtet sind. Dass also nicht ein Christ alle diese Ermahnungen umfassend zu erfüllen hat, sondern lediglich als Glied eines Ganzen, für das er seinen kleineren oder größeren Beitrag liefert. Was Paulus hier als Ermahnungen auflistet könnte man als ein „Leitbild einer christlichen Gemeinde" bezeichnen. In einem Leitbild werden kurz und prägnant der Auftrag, die Ziele und die Art und Weise ihrer Umsetzung formuliert. Es soll als Grundlage und Ziel allen gemeinsamen Handelns dienen gemäß den Fragen: Wo stehen wir? – Wo wollen wir hin? Und nichts anderes erwartet Paulus von der Gemeinde in Rom und - von uns heute. So könnte es, so sollte es unter uns sein. Vor diesem Hintergrund klingen die Ermahnungen gar nicht mehr als solche, sondern eher als Ermutigungen. Paulus möchte, dass den Gemeindegliedern das Leben gelingt, dass es schön wird. Er möchte, dass die Menschen in Frieden und in einem guten Miteinander leben und glücklich werden. So sind seine Ermah-nungen Ausdruck der Liebe zu seinen Brüdern und Schwestern und nicht irgendwelche Ideen oder frommen Sprüche, die er sich ausgedacht hat. Paulus, der früher Christen verfolgte, hat sich lange mit dem Leben Jesu auseinander gesetzt und sich dann zu Jesus Christus bekehrt. Er hat ihm sein Leben anvertraut und es sich von da an zur Aufgabe gemacht, den christlichen Glauben, die gute Botschaft von Jesus Christus in die Welt zu bringen. Und er hat das getan, was auch wir Prediger heute noch tun. Paulus war es wichtig, dass er das, was er an Jesus schätzte, in seinem Brief zum Ausdruck brachte. Er hat versucht, diese gute Botschaft, das Evangelium, den Menschen so nahe zu bringen, dass sie es annehmen können und als Befreiung für ihr Leben empfinden. Er hat sich dabei an Jesus Christus orientiert. An dem, was er von ihm gehört hatte – er hat ihn ja nicht persönlich gekannt – und was er von ihm wusste. Und wenn wir jetzt diese vielen Ermahnungen im Einzelnen prüfen werden wir feststellen, dass sich alle mit den Aussagen Jesu decken: Denken wir doch nur mal an die Bergpredigt. Vieles, was Jesus dort sagt, finden wir in unserem Predigttext wieder. Alles, was Jesus sagt, das tut er auch, und zwar aus Liebe: So wie Jesus uns Menschen liebt, so liebt einander. – *„Liebe deinen Nächsten wie dich selbst."* – Im Doppelgebot der Liebe lenkt Jesus den Blick auf die zwei Seiten der Liebe – die Liebe zu Gott und zu die Liebe zum Nächsten. Der Schlüssel steckt in den drei Wörtern *wie dich* selbst. Jesus appelliert an unseren natürlichen Egoismus: dich selbst liebst du ja auch. Und so, wie du dir selber wichtig bist und dir manchmal auch der Nächste bist, so ist das bei den anderen auch, das will im Grunde jeder. So wie du dir selber wichtig bist, so sollen dir die anderen wichtig sein. Natürlich in Abstufungen. – Du musst nicht einen wildfremden oder gar jemanden, den du absolut nicht leiden kannst lieben, so wie du deine Familie liebst oder deinen Freund. Aber Achtung: Freundlichkeit,

Aufmerksamkeit das kann und soll jeder bekommen. Vielleicht auch Mitgefühl, sich in jemandem hineinversetzen, fragen: wie geht's dem, der eigentlich. Wer das tut, bei dem gelingt Leben. Diese Erfahrung hat auch Paulus gemacht und gibt diese an die Gemeinde in Rom – und an uns heute – weiter.

Paulus sagt: *„Die Liebe sei ohne Falsch."* Heißt: Liebe soll nicht geheuchelt werden. Das kann zum Beispiel in der Ehe bedeuten, auch mal einen Konflikt auszusprechen, die Auseinandersetzung mit dem Ehepartner zu suchen und nicht um des Friedens oder der Liebe willen die eigenen Bedürfnisse und Gefühle zu verleugnen. Liebe, die nicht geheuchelt ist, verschweigt dem anderen nicht wie es in mir ganz drinnen aussieht. *„Die brüderliche Liebe untereinander sei herzlich"* schreibt Paulus weiter. Wer wollte dem nicht zustimmen? Aber wie ist das denn mit der brüderlichen, geschwisterlichen Liebe? Denken wir an Kain und Abel. Sicherlich haben sie sich brüderlich geliebt und doch wissen wir, wie schrecklich diese Liebe geendet hat. Denken wir an die vielen Ehepaare, die heute in Scheidung leben und sich gegenseitig das Leben zur Hölle machen. Ist diese Liebe herzlich? Liebe ohne doppelten Boden, ohne Heimtücke? Stellen Sie sich doch einmal vor: Da kommt jeden Tag die Nachbarin rüber zu Ihnen, hängt ständig bei Ihnen rum, erzählt Ihnen immerzu ihr Leid. Irgendwann geht Ihnen das auf die Nerven – und dann sollen Sie auch noch Liebe für die Nachbarin empfinden. Können Sie wirklich Liebe empfinden gegenüber einem Kollegen am Arbeitsplatz, der Sie mobbt bis Sie psychisch völlig zusammenbrechen? Diese Liste könnte ich sicherlich endlos weiterführen. Wie immer auch die Antwort darauf ausfallen mag: nicht nur die Bruderliebe, auch die Fremdenliebe, die Liebe zu Außen-stehenden gehört dazu. Liebe ist Aufgabe - manchmal schwer, aber nicht nur. Liebe ist ein Geschenk, das unter uns da ist und geschieht. Liebe fängt immer an mit der Einfühlung in einen anderen Menschen, wie in Vers 15 beschrieben. Da heißt es: *„Freut euch mit den Fröhlichen, und weinet mit den Weinenden."* Auch das, lieber Paulus, ist ganz schön schwierig für uns Menschen: *sich freuen mit den Fröhlichen*. Da tun wir uns manchmal auch ganz schön schwer. Wie soll ich mich mit jemandem freuen, wenn's mir selber gerade schlecht geht?

„Weinet mit den Weinenden" – fällt mir persönlich schon leichter. Wenn ich jemanden weinen sehe, werde ich selber zum Wasserfall. Andererseits: In unserer schnelllebigen und rasanten Zeit in der wir leben kommt dieses *„sich freuen mit den Fröhlichen und weinet mit den Weinenden"* oft zu kurz. Oft ist es so – und ich nehme mich da gar nicht aus -: Man hastet aneinander vorbei und nimmt sich gar nicht mehr richtig wahr. Man ist mit sich selber und seinen eigenen Angelegenheiten vollauf beschäftigt. Zeit und Kraft auf einen anderen einzugehen bleibt kaum. Aber wie Gott sich in Jesus Christus eingelassen hat in die Welt, so sollen auch wir uns einlassen auf die Menschen um uns herum. Wir sollen ihre Freude und ihre Sorgen teilen. Wir sollen uns einlassen auf die momentane Gefühlslage des Anderen.

Das ist ganz schön viel verlangt, denn dazu ist nötig, dass wir einmal von uns selber Abstand nehmen, nicht immer nur auf uns sehen und wie es uns gerade geht. Vielmehr den anderen sehen, das ist wichtig dabei. Sich selber so zurücknehmen, das kann nur jemand, der in sich selbst gefestigt ist. Das kann nur jemand, der sich selber geliebt weiß, - der selber sich erfüllen hat lassen von der Liebe Gottes. Das hat zunächst einmal nichts mit der Bruder- oder der Fremdenliebe zu tun. Hier geht es vielmehr, um die Liebe zu uns selbst, die an diesem Punkt Hand in Hand geht mit der Liebe zu Gott. Deshalb steht nicht zufällig gerade in der Mitte unseres Predigttextes die Empfehlung, die ich als dritte hervorheben will: *„Seid fröhlich in Hoffnung, geduldig in Trübsal, beharrlich im Gebet.*" *„Seid fröhlich in Hoffnung*"

Hoffnung ist lebenswichtig – keine Frage. Hoffnung tut immer dann Not, wenn etwas nicht so läuft, wie man es sich gedacht hat: wenn man von Menschen enttäuscht worden ist oder wenn der eigene Lebensweg anders verläuft als man sich selber erträumt hat. Dann tut Hoffnung Not. Denn wer nicht mehr hofft, der resigniert, der gibt auf. Sich selber und andere. Hoffnung ist ein Geschenk Gottes an uns, wofür wir danken können. Nun geht es Paulus nicht nur um die Hoffnung allgemein. Er hat hier die konkrete Hoffnung auf Gottes Zusagen im Blick. Diese Hoffnung sollen wir als Menschen nicht verlieren. Das Vertrauen sollen wir nicht verlieren, das Gott hält was er verspricht. Der Glaube an Jesus Christus soll uns im Leben nicht abhanden kommen, denn Gott steht zu dem was er sagt. Er ist kein Politiker, der vor der Wahl etwas verspricht und nach der Wahl nichts mehr davon weiß. Nein, Gott ist zuverlässig. Er verspricht uns Menschen: Ihr könnt euch auf mich verlassen – ich verlasse euch nicht. Es gibt immer einen Weg und ich werde ihn euch zeigen, ich werde ihn mit euch gehen. Habt Vertrauen. Darum wird und soll es in unserem Leben nicht hoffnungslos werden: Deshalb wünsche ich uns allen: seid und bleibt fröhlich in Hoffnung! Dann nennt Paulus ein Zweites: *„Seid geduldig in Trübsal"* - man könnte auch sagen: haltet stand in der Bedrängnis. Das ist gar nicht so einfach. Es gibt viele Gründe, warum Menschen ins Wanken geraten, nicht mehr standhalten können. Gerade auch innerhalb einer Gemeinde. Menschen mit Rückgrat, das sollen wir nach Gottes Willen sein. Und wir sollen es auch bleiben, wenn es mal unbequem werden sollte. Paulus schreibt den Christen in Rom dies ins Leitbild, weil Christsein im Römischen Reich schon damals eine gefährliche Sache war. Denn die Christen weigerten sich standhaft, den römischen Kaiser als höchste Gottheit anzuerkennen. Sie beteten den Gott der Bibel an. Und davon ließen sie sich nicht abbringen. So wünsche ich auch uns heute: Stehen wir zueinander. Sind wir füreinander da. Stehen wir so verlässlich auch für unseren Glauben ein. Das führt zu einem dritten Aspekt unseres Bibelwortes: *„Seid beharrlich im Gebet." D*enn im Gebet sind wir ganz bei uns selber und gleichzeitig treten wir ganz in Gottes Gegenwart und werden Eins mit ihm. Jemand hat einmal gesagt: Beten ist das Atemholen der Seele. Wenn wir beten, tauchen wir sozusagen ein in die Liebe Gottes, die uns umgibt wie die Luft, die wir zum Atmen brauchen.

Das Reden mit Gott soll uns zur Kraftquelle werden. Denn wodurch sonst sollen wir in diesem widersprüchlichen Leben Orientierung gewinnen? Wodurch sonst können wir die Hoffnung auch in schwierigen Lebensabschnitten behalten? Wodurch sonst können wir die Standfestigkeit unseres Lebens erhalten, wenn nicht durch das Gespräch mit Gott? Indem ich morgens mit ihm den Tag bespreche, vor ihm ausbreite, was kommen wird, wovor ich Angst habe und wovor ich mich fürchte. Und indem ich abends den Tag beschließe mit dem Dank an Gottes Begleitung. Eine tägliche Übung soll es sein, wir sollen beharrlich sein im Gebet sagt Paulus.

Viele Ermahnungen, Aufforderungen oder Ratschläge – wie immer wir es nennen mögen – gibt Paulus der Gemeinde in Rom mit auf den Weg. Auch unserer Gemeinde heute. In dieser Weise versucht Paulus zu beschreiben, wie sein Ideal von Gemeindeleben aussieht: Gott gibt Hoffnung, deshalb gibt es für uns keine hoffnungslosen Situationen. Wir sollen standhaft bleiben, füreinander einstehen und für unseren Glauben. Wir sollen täglich beten, um Orientierung für unser Leben, Hoffnung und Standhaftigkeit zu gewinnen. Nutzen wir diese Ermutigungen, dieses Leitbild, auch für unsere Gemeinde – hier in Sichertshausen (Bellnhausen).

Und der Friede Gottes, der höher ist als all unsere Vernunft, bewahre darum unsere Herzen und Sinne ist Christus, Jesus. Amen.

3. Sonntag nach Epiphanias; Predigttext Johannes 4, 5-14

Der Predigttext für den heutigen Sonntag steht im Johannesevangelium im 4. Kapitel. Wir hören auf die Verse 5-14:

Er musste aber durch Samarien reisen.
Da kam er in eine Stadt Samariens, die heißt Sychar, nahe bei dem Feld, das Jakob seinem Sohn Josef gab.
Es war aber dort Jakobs Brunnen. Weil nun Jesus müde war von der Reise, setzte er sich am Brunnen nieder; es war um die sechste Stunde.
Da kommt eine Frau aus Samarien, um Wasser zu schöpfen. Jesus spricht zu ihr: Gib mir zu trinken!
Denn seine Jünger waren in die Stadt gegangen, um Essen zu kaufen.
Da spricht die samaritische Frau zu ihm: Wie, du bittest mich um etwas zu trinken, der du ein Jude bist und ich eine samaritische Frau? Denn die Juden haben keine Gemeinschaft mit den Samaritern. -
Jesus antwortete und sprach zu ihr: Wenn du erkenntest die Gabe Gottes und wer der ist, der zu dir sagt: Gib mir zu trinken!, du bätest ihn und er gäbe dir lebendiges Wasser.
Spricht zu ihm die Frau: Herr, hast du doch nichts, womit du schöpfen könntest, und der Brunnen ist tief; woher hast du dann lebendiges Wasser?
Bist du mehr als unser Vater Jakob, der uns diesen Brunnen gegeben hat? Und er hat daraus getrunken und seine Kinder und sein Vieh.
Jesus antwortete und sprach zu ihr: Wer von diesem Wasser trinkt, den wird wieder dürsten;
wer aber von dem Wasser trinken wird, das ich ihm gebe, den wird in Ewigkeit nicht dürsten, sondern das Wasser, das ich ihm geben werde, das wird in ihm eine Quelle des Wassers werden, das in das ewige Leben quillt.

Herr, öffne unsere Ohren und Herzen, damit wir recht hören und reden. Amen.

Liebe Gemeinde,
„ich glaube, du lebst in einer anderen Welt." Wo diese Worte fallen, können wir ahnen: Hier treffen zwei völlig unterschiedliche Menschen aufeinander, denen es nicht gelingt, sich auf einer Ebene zu unterhalten. Schlimmer noch, mit diesen Worten wird in der Regel der Kontakt zwischen ihnen abgebrochen. Ein Gesprächspartner hat resigniert und stellt fest, dass sich eine weitere Unterhaltung nicht mehr lohnt. In der Erzählung von der Frau am Jakobsbrunnen treffen nun tatsächlich zwei

unterschiedliche Welten aufeinander: Die Welt des Juden Jesus und die Welt der samaritischen Frau. Die Welt Jesu, von dem wir glauben, dass Gott durch ihn spricht, kommt in Kontakt mit der Welt einer niedergeschlagenen Frau, deren Sehnsucht nach einem Leben voller Liebe und Geborgenheit sich nicht zu erfüllen scheint. Aber die Gegensätze dieser unterschiedlichen Welten werden im Laufe der Begegnung überwunden. Die Mittagshitze liegt träge über den Feldern in der Provinz Samaria. Da tritt eine Frau heraus aus den schattigen Gassen des Dorfes Sychar und geht in der prallen Sonne zum Brunnen, den der Legende nach der Erzvater Jakob einst gegraben haben soll. Es ist ganz und gar ungewöhnlich, dass eine Frau zum Wasserschöpfen geht, wenn die Sonne ihren höchsten Stand erreicht hat und die Hitze unerträglich geworden ist. Den langen Weg vom Dorf zum Brunnen und den beschwerlichen Rückweg mit dem gefüllten Wasserkrug macht man eher in den kühlen Stunden des Tages. Wer zur Mittagszeit an den Brunnen kommt, tut das nicht ohne Grund. Wir können aus dem weiteren Gang der Erzählung erraten, warum die Frau aus der Provinz Samaria dies tut: Sie meidet die Begegnung mit den anderen Frauen des Dorfes, weil die über sie tuscheln und tratschen. Sie kann und will das nicht mehr mit ansehen. Wenn zwei oder mehr Frauen in ihrer Gegenwart leise und verstohlen miteinander reden, malt sie sich unwillkürlich aus, worum es geht. Sie ist fünfmal verheiratet gewesen und fünfmal hintereinander haben ihre Männer ihr einen Scheidungsbrief ausgestellt und sie aus dem Haus gejagt. Nach jeder Scheidung sind die Stimmen lauter geworden, wann sie denn endlich zur Vernunft kommen und aus ihren Fehlern lernen würde. Und nun, da sie mit einem Mann in „wilder Ehe" zusammenwohnt, also ihre alten Fehler nicht mehr wiederholt, da passt es den anderen wieder nicht. Wie eine Ausgestoßene kommt sie sich vor, vor allem in der Nähe anderer Frauen. Sie fühlt sich von ihren Blicken gedemütigt. Weil sie das nicht mehr ertragen kann, holt sie ihr Wasser in der Mittagshitze, wenn sonst niemand zum Brunnen kommt. Heute allerdings ist es anders. Am Brunnenrand sitzt ein Mann erschöpft und durstig nach einer langen Reise. Er ist nicht von hier, das ahnt sie, je näher sie dem Brunnen kommt. Er ist anders gekleidet, und seine Haare und sein Bart sind anders geschnitten, als es bei den Männern üblich ist, die in der Provinz Samaria leben. Die Juden und die Samariter lebten in unterschiedlichen Welten. Die Juden gingen den Samaritern aus dem Wege, wenn das möglich war, denn sie verachteten sie. Sie glaubten zwar an den gleichen Gott, doch die Juden verehrten ihn im Tempel in Jerusalem, die Samariter auf ihrem heiligen Berg Garizim. Ohne ein Wort zu sagen, geht die Frau zum Brunnen und lässt den Wassereimer hinunter. Es ist ihr egal, dass ein fremder Mann dort steht, der sie wohl verachten würde. Sie ist ja die Blicke ihrer Nachbarn gewohnt, die sie von oben herab betrachten. Langsam zieht sie den gefüllten Eimer herauf und füllt das kühle Wasser in ihren Krug. Da spricht sie der fremde Mann an: *„Gib mir von dem Wasser zu trinken!"* Die Frau erschrickt über die Worte und fragt ungläubig: *„Du bittest mich um Wasser, obwohl du doch ein Jude bist und ich eine Frau von den von euch verachteten Samaritern?"* Jesus lässt sich nicht provozieren. Er lässt nicht zu, dass sich zwei Welten unversöhnlich und feindlich gegenüber stehen. Sein göttlicher Auftrag ist, die Welten miteinander zu versöhnen, Frieden zu stiften und Gebeugte aufzurichten. Und so überbrückt er auch hier den Gegensatz zwischen ihm als Juden und der samaritischen Frau. Aber für die Frau am Jakobsbrunnen ist es überraschend und ein wenig erschreckend, dass Jesus die zwei getrennten Welten durch seine Worte miteinander verbindet: *„Wenn du wüsstest, wer ich bin, dann hättest du den ersten Schritt getan, um die Grenzen zwischen diesen Welten zu überschreiten"*, sagt Jesus. *„Dann hättest du mich um lebendiges Wasser gebeten!"* Doch die Frau versteht Jesus nicht. Wie sollte er ihr Wasser geben können, obwohl er kein Gefäß zum Schöpfen hat? Es braucht seine Zeit, bis sie die Worte Jesu begreifen kann. Ihre Welten sind ja völlig verschieden. Doch dann gewinnt sie eine Ahnung davon, dass Jesus nicht von dem Brunnenwasser spricht, sondern von dem Wasser, das ein Bild ist für gelingendes Leben. Und so beginnt sie, vorsichtige Schritte zu gehen, auf diese andere Welt zu, die ihr in Jesus begegnet. Sie versucht zu verstehen, wer dieser Mann ist: *„Bist du denn größer als unser Erzvater Jakob, der uns diesen Brunnen gegeben hat? Kann dein Wasser meinen Durst löschen, meinen Hunger nach Leben, nach Liebe und Geborgenheit?"* Und Jesus antwortet ihr: *„Das Wasser dieses Brunnens löscht den Durst nur für ein paar Stunden. Das Wasser, von dem ich rede, ist anders. Wer es trinkt, der wird keinen Durst mehr spüren für alle Ewigkeit. Dieses Wasser wird in ihm sein wie ein Quelle, die immer neues Wasser hervorbringt."* Solches Wasser könnte die Frau am Brunnen gebrauchen! Wenn sie nur eine solche Quelle besäße, die ihren Durst für immer stillte, dann könnte sie ein für allemal aufhören, den beschwerlichen Weg zum Brunnen unter die Füße zu nehmen. Sie müsste sich auch nicht mehr den Blicken aussetzen, wenn sie in der Hitze des Tages zum Brunnen ging. Sie könnte zu Hause bleiben und sich den unangenehmen Begegnungen entziehen. Aber damit wäre der Frau letztlich nicht geholfen, ihr Problem wäre nur vordergründig gelöst. Es bliebe weiter dabei, dass sie in der Welt ihres Dorfes eine Ausgestoßene wäre. Jesus hat auch nicht solches Wasser im Sinn, das nur den Weg zum Brunnen überflüssig macht. Das Wasser, von dem Jesus redet, hat eine andere Qualität. Das Wasser, von dem er spricht, wäscht rein von Sünde und Schuld. Solches Wasser ermöglicht einen Neubeginn und spült die dunkle Vergangenheit ab. Und vor allem gibt solches Wasser Anteil an Jesus Christus und versöhnt miteinander verfeindete und getrennte Welten. Und genau das braucht die Frau am Jakobsbrunnen. Es ist Wasser im übertragenen Sinne, ist ein Bild für den Glauben an den barmherzigen Gott, zu dem wir durch das Wasser der Taufe gehören. Es braucht seine Zeit, bis die Frau das begreifen kann. Aber am Ende der Erzählung findet sie diesen Glauben und zugleich findet sie wieder zurück in die Welt der Frauen und Männer ihres Dorfes. War sie auf dem Weg zum Brunnen noch jeder Begegnung ausgewichen, so kann sie nach der Begegnung mit Jesus laut rufen und allen von dem Mann berichten, der die Grenzen überwindet. Auf einmal ist auch sie verändert und kann nun selbst die unsichtbare Grenze überschreiten zwischen ihrer Welt und der Welt der anderen. In der Begegnung mit Jesus wird die Frau am Jakobsbrunnen geheilt von ihrem Misstrauen gegen die anderen. Sie wird befreit von der Angst, die sie niedergedrückt hat. Sie kann den Menschen offen in die Augen schauen. Denn in Jesus spürt sie die Liebe Gottes und fühlt sich angenommen. Sie ergreift die neue Lebensperspektive, die sich ihr hier bietet. Und so zeigt sich an der Frau am Jakobsbrunnen die Kraft der Liebe. Sie kann Welten miteinander versöhnen, wie unterschiedlich sie auch sein mögen. Auch wir können Jesus um das lebendige Wasser bitten. Er traut uns zu, dass wir in Menschen verwandelt werden können, die vertrauen. Er wird uns dieses vertrauensvolle Leben geben, wenn wir ihn darum bitten. Also, was hindert uns daran, ihn zu bitten? Was hindert uns daran uns für ein Leben im Vertrauen auf Gott zu öffnen? Ich weiß nicht, was Sie daran hindert. Möglicherweise gar nichts. Vielleicht leben Sie ja schon längst in diesem großen Vertrauen. Manchmal gelingt mir das auch, aber oft will ich mich lieber beklagen, als mich verändern zu lassen. Dann finde ich mich lieber damit ab, dass jemand feindselig ist, anstatt zu versuchen noch einmal anders auf ihn zuzugehen. Dann finde ich mich lieber damit ab, dass ich halt etwas Wichtiges nicht kann, anstatt mich vom Zutrauen Jesu beflügeln zu lassen und es noch zu lernen. Klagen ist halt einfacher als das Gute sehen zu lernen, das ich schon geschenkt bekommen habe. Vertrauen wächst halt auch aus guten Erfahrungen. Und gute Erfahrungen mache ich dann, wenn ich mich für das öffne, was mir von Gott entgegen kommt. Also, was sollte uns daran hindern, uns für ein Leben im Vertrauen auf Gott zu öffnen? – Gar nichts muss uns daran hindern! Die Hindernisse werden überwunden, wenn wir Jesus Christus darum bitten, uns Vertrauen zu schenken. Vielleicht müssen wir dann noch ein wenig warten und brauchen etwas Geduld. Aber letztendlich wird er es tun. Und wir werden aus diesem Vertrauen leben können, nicht ohne Rückschläge, aber jeden Tag ein wenig mehr.

Und der Friede Gottes, der höher ist als alle Vernunft, bewahre darum unsere Herzen und Sinne in Christus, Jesus. Amen.

4. Sonntag nach Epiphanias; Predigttext Römer 1, 16-17

Der Predigttext, den ich für heute gewählt habe, steht im Brief des Paulus an die Römer im 1. Kapitel, in den Versen 16-17:

Denn ich schäme mich des Evangeliums nicht; denn es ist eine Kraft Gottes, die selig macht alle, die daran glauben, die Juden zuerst und ebenso die Griechen.

Denn darin wird offenbart die Gerechtigkeit, die vor Gott gilt, welche kommt aus Glauben in Glauben; wie geschrieben steht: „Der Gerechte wird aus Glauben leben."

Herr, gib, dass wir recht hören und danach leben. Amen.

Liebe Gemeinde,
als ich diese Verse aus dem Römerbrief gelesen habe, da wurde mir auf einmal sehr, sehr traurig zumute. Ich wusste erst gar nicht warum. Dann dachte ich, das wird am Wetter liegen, oder dass ich vielleicht ein Stimmungstief hatte. Aber, das war's nicht. Beim nochmaligen Lesen ging's mir auf: mich hatte traurig gemacht, wie weit wir Christen unserer Tage doch davon entfernt sind, dass wir so schreiben, reden oder doch wenigstens das ausstrahlen könnten, was Paulus hier beschreibt: *„Ich schäme mich des Evangeliums nicht; denn es ist eine Kraft Gottes, die selig macht alle, die daran glauben."* Wir Menschen dieser Tage sind überwiegend damit beschäftigt, unser Leben zu machen, unsere Arbeit zu erledigen, unsere Freizeit zu gestalten, unser Haus zu bestellen, die Kinder groß zu ziehen, den Urlaub zu planen und was dergleichen noch so alles ist. Ich glaube, Jesus hätte überhaupt nichts dagegen gehabt, dass wir uns einen guten Beruf suchen, dass wir dann Freude an unserer Arbeit haben und ein Stück weit darin aufgehen, ein Häuschen bauen, unsere Freizeit und unseren Urlaub genießen... Vielleicht hätte er sogar verstanden, wenn wir bei den heutigen Arbeitsbedingungen am Sonntag hin und wieder ausschlafen wollen, wenn wir uns mit einer Lebensversicherung unser Alter absichern und uns hie und da eine besondere Freude gönnen.
Aber, ich möchte bezweifeln, dass wir vor ihm bestehen könnten, wenn wir nicht auch ein gehöriges Maß an Zeit, Kraft und Geld für seine Sache aufwenden. Und seine Sache ist die Gemeinde, seine Kirche, das Leben in der tätigen Nächstenliebe, das Teilen aller Güter und Gaben, die er uns schenkt. Ich muss es eigentlich gar nicht erklären. Jeder von uns weiß doch, was Jesu Sicht ist, was er von uns haben will und mit Fug und Recht von uns verlangen kann.

Und jede und jeder von uns kennt die Stunden oder auch nur die Augenblicke, in denen uns das wieder einmal ganz klar wird, wie sehr wir doch von einem Leben entfernt sind, das sich wirklich christlich nennen dürfte und wie sehr die Art, die wir leben, verwechselbar ist mit dem der Menschen, die Gott nicht kennen. Ja, das war es wohl, was mich traurig gemacht hat, als ich die Verse des Predigttextes las. Da gerät einer ins Schwärmen: *„Das Evangelium ist eine Kraft Gottes, die alle selig macht!"* Da hat sich ein anderer das Evangelium, die frohe, befreiende Botschaft von Gottes Liebe, sehr viel kosten lassen! Er ist in großes Leid gegangen, ja, sogar in den Tod – den schändlichen Tod am Holz des Kreuzes. Er tat das, damit wir gerecht werden vor Gott, mit ihm ins Reine kommen, um für das gerade zu stehen, was wir an Bösem tun und einander und Gott immer wieder und manchmal ein Leben lang schuldig bleiben. Und wir sind eifrig damit befasst, unsere 60 oder 80 Jahre möglichst kurzweilig zu gestalten, sorgenfrei zu verleben, luxuriös auszustatten, ohne uns um höhere Gedanken zu scheren. Aber er sagt uns doch ganz klar und unmissverständlich. *„Ich bin der Weg, die Wahrheit und das Leben!"* Alle anderen Wege führen zum Tod. UND: Schmal ist der Weg und eng ist die Pforte, die zum Leben führt. Die immer nur auf der breiten Straße ziehen, werden seine Zukunft nicht sehen. Und wir? Wir hören weg. Wir kümmern uns selten darum.

Wir sind immer so mit uns befasst und mit den Erfordernissen und Umständen unseres äußeren Lebens. Für solche Gedanken haben wir keine Zeit. Und auch das, was wir hier sonst noch lesen, spricht sehr wohl mit uns: *„Denn ich schäme mich des Evangeliums nicht..."* sagt Paulus.

Wir dagegen schämen uns oft genug! Denn bei vielen Menschen ist es die reine Scham, wenn sie nicht zum Gottesdienst gehen oder um alles, was Kirche und Gemeinde heißt, einen großen Bogen machen. Es könnte ja einer sagen: „Was, du gehst zum Gottesdienst? Du fährst auf Freizeit mit? Du nimmst am Bibelkreis teil? Bist du irre?" Wie oft mag wohl die Scham schon verhindert haben, dass ein Mensch den guten weg findet, das Evangelium für sich entdeckt und damit das Leben? Was entgeht den Menschen denn, wenn sie die frohe Botschaft nicht annehmen, oder wenn sie nicht *„selig werden"*, wie es Paulus ausdrückt? Das ist die gute Nachricht für uns: durch Jesus Christus bekommen wir...*die Gerechtigkeit, die vor Gott gilt*...geschenkt. Aber, was ist das, weniger hochtrabend formuliert? Ich habe es vorhin schon anders gesagt: Wir kommen mit Gott ins Reine. Vielleicht können wir's auch so erklären:

Das Gefühl, nicht in Ordnung zu sein, fällt von uns ab. Oder so: Wir können aufhören, uns ständig selbst zu rechtfertigen – mit unseren Reden zum Beispiel, wenn wir sagen: Ich bin zwar kein großer Kirchgänger, aber meinen Glauben habe ich. Oder wenn wir immer auf unsere viele Arbeit weisen. Sie dient oft genug ja auch nur dazu, die Gedanken nicht in uns aufsteigen und zu mächtig werden zu lassen, dass uns vielleicht doch etwas fehlt, dass eine große Leere in uns ist und wir eigentlich gar nicht wissen, was denn der Sinn sein soll von all unserem Schaffen und Schuften. „Gerecht sein vor Gott", das heißt: Eine große Ruhe kehrt bei uns ein.

Wir wissen auf einmal, was wichtig ist und was nicht. Wir spüren, was unserem Leben in einem höheren Sinne dient und was nicht. Wir kennen den Weg, wir sehen ein Ziel, wir können das tun, was uns diesem Ziel näher bringt. Aber auch dieses andere Wort ist ja missverständlich: *„Selig werden..."* Wir denken da immer gleich an den Tod und das Leben danach. Das ist aber gar nicht nur gemeint. Vielleicht kann man es so ausdrücken:

Selig werden, das beginnt allemal schon hier und jetzt! Das ist, wie wenn wir auf eine Feier eingeladen sind. Schon lange vorher freuen wir uns doch darauf. Schon Wochen vorher leben wir auf diese Feier hin und irgendwie auch schon von ihr: Wie wird das schön werden! Was werden wir gute, fröhliche Stunden haben, wie werden wir glücklich und gelöst sein!

Genauso frei und glücklich kann ein Mensch leben, der weiß, dass er mit Gott im Reinen ist, dass er um Christi Willen all die Schuld, all die Irrungen und falschen Wege seines Lebens hinter sich hat und vor sich nur noch Gottes Liebe; sein JA zu sich und endlich ein ewiges Leben.

Liebe Gemeinde, doch: zuerst war ich traurig, als ich diesen schönen Predigttext gelesen habe. Und Sie werden mir jetzt recht geben: es ist traurig, wenn die Menschen immer wieder und immer weiter nur für dieses kleine Leben sorgen, das aus Arbeit, Freizeit, Essen, Schlafen und ein bisschen Kurzweil besteht. Es ist damit, wie Martin Luther es in ein gutes Bild fasst:

„Sie können eine Herrlichkeit haben und begnügen sich mit einer Bettelsuppe." Lassen wir uns das heute wieder einmal sagen und nahe gehen, was Paulus hier aus vollem, fröhlichen Herzen spricht: *„Ich schäme mich des Evangeliums nicht; denn es ist eine Kraft Gottes, die selig macht alle, die daran glauben."* Schenke uns Gott, dass uns dieses Wort in unserem Herzen erreicht und verändert.

Und der Friede Gottes, welcher höher ist, als alle Vernunft, bewahre darum unsere Herzen und Sinne in Christus, Jesus, unserem Herrn. Amen.

5. Sonntag nach Epiphanias; Predigttext: Jesaja 40, 12-25

Der Predigttext für den heutigen Sonntag steht beim Propheten Jesaja im 40. Kapitel: (12-25):

Wer misst die Wasser mit der hohlen Hand, und wer bestimmt des Himmels Weite mit der Spanne und fasst den Staub der Erde mit dem Maß und wiegt die Berge mit einem Gewicht und die Hügel mit einer Waage?
Wer bestimmt den Geist des HERRN, und welcher Ratgeber unterweist ihn?
Wen fragt er um Rat, der ihm Einsicht gebe und lehre ihn den Weg des Rechts und lehre ihn Erkenntnis und weise ihm den Weg des Verstandes?
Siehe, die Völker sind geachtet wie ein Tropfen am Eimer und wie ein Sandkorn auf der Waage. Siehe, die Inseln sind wie ein Stäublein.
Der Libanon wäre zu wenig zum Feuer und seine Tiere zu wenig zum Brandopfer.
Alle Völker sind vor ihm wie nichts und gelten ihm als nichtig und eitel.
Mit wem wollt ihr denn Gott vergleichen? Oder was für ein Abbild wollt ihr von ihm machen?
Der Meister gießt ein Bild und der Goldschmied vergoldet's und macht silberne Ketten daran.
Wer aber zu arm ist für eine solche Gabe, der wählt ein Holz, das nicht fault, und sucht einen klugen Meister dazu, ein Bild zu fertigen, das nicht wackelt.
Wisst ihr denn nicht? Hört ihr denn nicht? Ist's euch nicht von Anfang an verkündigt? Habt ihr's nicht gelernt von Anbeginn der Erde?
Er thront über dem Kreis der Erde, und die darauf wohnen, sind wie Heuschrecken; er spannt den Himmel aus wie einen Schleier und breitet ihn aus wie ein Zelt, in dem man wohnt;
er gibt die Fürsten preis, dass sie nichts sind, und die Richter auf Erden macht er zunichte:
Kaum sind sie gepflanzt, kaum sind sie gesät, kaum hat ihr Stamm eine Wurzel in der Erde, da lässt er einen Wind unter sie wehen, dass sie verdorren, und ein Wirbelsturm führt sie weg wie Spreu.
Mit wem wollt ihr mich also vergleichen, dem ich gleich sei?, spricht der Heilige.

Herr, segne du reden und hören und hilf, dass wir dein Wort verstehen und danach leben. Amen

Liebe Gemeinde,
es ist eine der großen Fragen der Menschheitsgeschichte. Sie beschäftigt den Menschen bis heute, mag er groß, klein, bedeutend oder unbedeutend sein. Nämlich: Was ist der Grund des Lebens? Worauf kann ich mich verlassen? – In diesen Fragen steckt eine große Sehnsucht.
Das Volk Israel war ein Volk voller Sehnsucht – und mit einer langen Geschichte. In der Zeit der babylonischen Gefangenschaft, knapp 600 Jahre vor Christus, sehnen sich die Menschen nach der

Heimat. In den Psalmen kommt diese Sehnsucht zum Ausdruck. Die Sehnsucht nach Gott und seinem Heiligtum, dem Tempel:

„An den Wassern von Babel saßen wir und weinten, wenn wir an Zion dachten."

(Psalm 137, 1) So klagt eine Gemeinschaft von Menschen, die nicht mehr recht weiß, wer sie ist: fern der Heimat im Exil in Babylon, ohne den religiösen Mittelpunkt des Tempels, verunsichert durch fremde religiöse Traditionen und das ständige Vergleichen, und ohne Perspektive, dass es anders und besser wird. Israel klagt nicht aus der akuten Katastrophe heraus. Die Menschen haben sich eingerichtet im Exil, sie gründen Familien, haben eigene Siedlungen und sogar eigene Gottesdienste. Aber über alldem hängt eine Wolke von Müdigkeit und Resignation:

Irgendwie geht zwar alles seinen Gang, aber dass Gott wirkt, jetzt und in Zukunft, das fällt schwer zu glauben: Sieht Gott uns noch? Will er uns sehen? Kann /will er uns helfen?

So klagen und fragen die Israeliten. Sie haben kein Vertrauen mehr zu Gott, fühlen sich von ihm verlassen. In dieses Verlassenheitsgefühl, in diese Sehnsucht hinein lässt Gott den Menschen damals durch den Propheten etwas ausrichten. Er erinnert sie daran, was anscheinend im Laufe der Geschichte Gottes mit seinem Volk in Vergessenheit geraten ist: Gottes Größe! *„Wer misst die Wasser mit der hohlen Hand, und wer bestimmt des Himmels Weite mit der Spanne und fasst den Staub der Erde mit dem Maß und wiegt die Berge mit einem Gewicht und die Hügel mit einer Waage?"*

Der Prophet erinnert das Volk daran, dass Gott der Schöpfer der Welt ist: *„Am Anfang schuf Gott Himmel und Erde."* (1. Mose 1, 1-2). – Der erste Satz der Bibel formuliert ein Grundbekenntnis des Glaubens: Alles, was es gibt (*Himmel und Erde*), kommt von Gott. Es verdankt sein Dasein nicht dem Zufall oder dem Wirken rein natürlicher Ursachen. *Am Anfang* aller Dinge steht Gottes Schöpferhandeln.

Weiter sagt der Prophet: *„Wisst ihr denn nicht?"* Habt ihr denn wirklich vergessen, was ihr in eurer Geschichte erlebt habt? Angefangen mit den Stammvätern des Volkes:

Abraham hat Gott eine Heimat gegeben und viele Nachkommen und Jakob hat er begleitet auf seinem langen Wegen in die Fremde.

Josef hat er beschützt in Verfolgung, Hass und Verleumdung.

Und Er hat Mose erwählt, der euer Volk aus der Sklaverei in Ägypten geführt hat.

Eure Gebete hat Er erhört, und Boten hat er euch gesandt, immer wieder.

Über Jahrhunderte hat er euch begleitet. Er lenkt den Lauf der Geschichte, und die Menschen sind in seiner Hand. Gerade den Schwachen und Geringen steht er zur Seite. Wer ihm vertraut und auf ihn hofft, der wird es erfahren. *„Wisst ihr denn nicht? Hört ihr denn nicht?"*

Klar hatten sie das nicht vergessen, eher verdrängt, weil sie so eine Sehnsucht nach der Heimat, nach Gott, nach einem glücklichen Leben hatten. Hätte Gott sie denn nicht vor all dem Übel, was

ihnen widerfahren ist, bewahren müssen? Hätte er sich nicht viel früher durchsetzen müssen – gegen die Götter der Babylonier. Die haben sich doch als mächtig erwiesen.
Keine leichte Aufgabe für den Propheten. Aber er überzieht diese Götter mit beißendem Spott: „Der Meister gießt ein Bild und der Goldschmied vergoldet's und macht silberne Ketten daran. Wer aber zu arm ist für eine solche Gabe, der wählt ein Holz, das nicht fault, und sucht einen klugen Meister dazu, ein Bild zu fertigen, das nicht wackelt." Solcher Art sind die Götter, auf die ihr euch verlassen wollt! Von Menschen hergestellt – vergänglich – wirkungslos – lächerlich ist das! *„Wisst ihr denn nicht? Hört ihr denn nicht? Mit* denen *wollt ihr Gott vergleichen? ... Der über dem Kreis der Erde thront?"* Gott hat alles geschaffen und hält die Hand über all dem. So groß ist Gott! Was ist da der Mensch in all dem, was so überwältigend groß ist?
„Ein Tropfen am Eimer; ein Sandkorn auf der Waage; ein Stäublein."
Liebe Gemeinde,
das sind harte Worte, die der Prophet da sagt. Sie trafen die Menschen damals und uns heute wie ein Schlag ins Gesicht. Was bist du Mensch mit all deinen Problemen und Sorgen, mit all deinen Erfolgen und Misserfolgen? - Ein Nichts! Du suchst dir andere „Götter", erhoffst dir davon Wohlstand, Erfolg, was auch immer. Du verlässt dich auf Politiker, die große Reden schwingen, auf irgendwelche Wunderheiler, die mit der Gesundheit bzw. der Krankheit der Menschen Geschäfte machen. Auf Hochstudierte, Wetterexperten, wen und was auch immer. Ich sag euch was: Alles Nichts! – Vergänglich. Sie verdorren und ein Wind führt sie weg wie Spreu. Der Prophet sagt: Verlasst euch nicht auf die Herren dieser Welt, denn dann seid ihr verlassen. Vertraut allein Gott, IHM, der alles geschaffen hat und in Seiner starken Hand hält. ER ist immer für euch da, auch wenn ihr's manchmal gar nicht merkt. Mit diesen Worten mutet er den Menschen ganz schön viel zu. Es sind deprimierende Worte einerseits, aber dennoch andererseits auch tröstende Worte. Wenn, ja wenn da nicht dieses kleine Wörtchen „aber" wäre, welches wir gerne dranhängen. Aber, wo warst du denn, Gott, als Erdbeben und Wassermassen ganze Ortschaften verwüsteten, Menschen ihre Heimat, ihre Existenz, ihr Leben verloren? Wieso hast du den Ärzten nicht die Weisheit gegeben, die richtige Diagnose zu stellen, damit der Mann rechtzeitig behandelt werden konnte. Er hätte nicht sterben müssen!
Wo warst du, als die Mathearbeit geschrieben wurde. Du weißt, dass ich gelernt habe. Nichts hat's gebracht. Ich hab die Arbeit verhauen. Wo warst du, wo bist du, Gott? Wieso haben wir in all diesen Situationen immer wieder das Gefühl, dass du nicht da bist? Warum lässt du das überhaupt zu? Nie bist du da, wenn wir dich brauchen!
Die gleichen Fragen stellte sich das Volk Israel im Exil in Babylon. Sie hatten damals schon die gleichen Probleme wie wir heute. Darum ist der Bibeltext heute so aktuell wie damals.

Vielleicht erwarten Sie jetzt von mir, dass ich diese Fragen hier von der Kanzel aus beantworte. Ich weiß nicht, was Sie hören wollen. Dass Gott gerade etwas anderes zu tun hatte oder ein Nickerchen machte? Oder, dass er sich nicht für uns interessiert? – Bestimmt nicht.

Ich kann Ihnen und Euch sagen und versichern: Gott war da, ER ist immer da! ER hat die Welt geschaffen, uns Menschen, und hat uns unseren eigenen Willen, unseren Verstand gegeben und gesagt: nun mach mal.

Oftmals gelingt es, wir haben Erfolge, manchmal aber auch Misserfolge. ER greift nicht ein, weil er möchte, dass wir unsere Erfahrungen machen. Und wenn ER eingreift, dann meist so, wie wir es mit unserem menschlichen Verstand gar nicht begreifen können oder erst viel später verstehen.

Ich spreche da aus eigener Erfahrung. Ich hatte einen gut bezahlten Job, in dem ich mich aber nicht so recht wohl fühlte. Stress ohne Ende, Mobbing unter den Kollegen. Vor zehn Jahren fiel mich im Urlaub auf Mallorca ein Hund an, verletzte mich schwer. Ich fiel in ein tiefes Loch, fühlte mich total alleingelassen. Immer wieder fragte ich: WARUM!? Warum ich? - Ein Jahr nach diesem Unfall begann ich die Ausbildung zur Lektorin. Mein damaliger Ausbilder sagte, dass ich es irgendwann verstehen und wissen würde WOZU dies passierte. Ein paar Jahre später wusste ich tatsächlich WOZU. Mir wurde klar, dass Gott einen anderen Plan mit mir hatte als ich mir jemals hätte vorstellen können. Mein Leben hat sich total verändert. Aus meinem ‚Hobby' ist mein Beruf geworden. Nicht nur das, sondern meine Berufung.

Ich denke, jeder von Ihnen / von Euch hat selber schon solche Erfahrungen gemacht. Das Leben geht so seinen Gang und plötzlich passiert etwas. Du liegst am Boden und schon kriegst den nächsten Schlag, fällst in ein tiefes schwarzes Loch, immer tiefer und tiefer. Siehst keinen Ausweg, kein Licht. Und dann hast du sicher auch gefragt: Warum!? Warum ich?!

Dann ist es wieder mal sehr schwer das Vaterunser zu beten, vor allem die Stelle, wo es heißt:

Dein Wille geschehe, wie im Himmel so auf Erden. Ich weiß aber auch, dass nach jeder Nacht wieder ein Morgen kommt. Ich habe mein Leben auf Gott, als den Grund meines Lebens, aufgebaut. Und ich weiß - und gebe das hier und heute an Sie, an Euch, weiter:

egal was du gerade für ein Problem hast, - Gott ist größer! Und wenn es sich vor dir auftürmt wie ein Berg, – Gott ist größer! Und wenn du schon seit vielen Jahren von einer Sorge verfolgt wirst, - im Vergleich zu Gottes Ewigkeit ist das nur ein kurzer Moment. Der Trost liegt in Gottes Größe und Gott selbst tröstet dich. Hör noch mal, was der Prophet sagt:

„Gott spannt den Himmel aus wie einen Schleier und breitet ihn aus wie ein Zelt, in dem man wohnt." Dieses Bild ist so tröstlich, so mutmachend, dass du beschließen kannst:

Beim nächsten Mal, wenn ich mich grundlos fühle, wenn wieder mal alles über mir zusammenzubrechen droht, will ich mir dieses Bild vor mein inneres Auge malen. Denn es ist viel mehr noch als ein Zelt voller Geborgenheit und Weite. Ich habe unendlich viel Platz darin – und bleibe dennoch beschützt. Gott ist bei mir. *„...die auf den HERRN harren, kriegen neue Kraft, dass sie auffahren mit Flügeln wie ein Adler,...“* Welch ein Lebensgrund!

Und der Friede Gottes, der höher ist als all unsere Vernunft, bewahre darum unsere Herzen und Sinne in Christus, Jesus, unserem Herrn.
Amen.

Letzter Sonntag nach Epiphanias: Predigttext: 2. Petrus 1, 16-21

Liebe Gemeinde,
Sie kennen das Märchen vom „Dornröschen“, dem ersehnten Wunschkind der Königin und des Königs. Lange hatte das Paar auf ein Kind gewartet, fast war schon die Hoffnung verloren. Als es endlich geboren war, wunderschön und vollkommen, feierte das königliche Paar ein großes Fest. Alle waren eingeladen - Nachbarn, Freunde und Verwandte. Besonders aber die weisen Frauen des Landes, es waren dreizehn an der Zahl. Sie erinnern sich? Im Palast gab es aber nur zwölf goldene Teller. Man beschloss, eine der Feen nicht einzuladen. – Es wurde ein großartiges Fest. Man feierte und tanzte und sang. Und am Ende standen die zwölf Feen auf und brachten dem Kind ihre Wundergaben: Sie schenkten ihm Tugend und Schönheit, Reichtum und Glück. Doch nach der elften Fee trat plötzlich die Dreizehnte, die nicht geladene, vor das Kind und schenkte ihm ... einen frühen Tod im Alter von fünfzehn Jahren durch eine Spindel. Die letzte Fee konnte dieses Geschenk nicht rückgängig machen, sie konnte es nur mildern: Hundert Jahre lang sollte das Kind in einen tiefen Schlaf fallen.
Dieses Märchen, liebe Gemeinde, soll uns durch die Predigt führen und uns den Predigttext nahe bringen. Im 2. Petrusbrief steht er aufgeschrieben und es geht hier um Weissagungen, die das Leben begleiten wie die Geschenke der Feen. Es geht um prophetische Worte, Worte, die die Zukunft kennen. Ich lese aus dem 2. Petrus im 1. Kapitel: (16-21):

Denn wir sind nicht ausgeklügelten Fabeln gefolgt, als wir euch kundgetan haben die Kraft und das Kommen unseres Herrn Jesus Christus; sondern wir haben seine Herrlichkeit selber gesehen.
Denn er empfing von Gott, dem Vater, Ehre und Preis durch eine Stimme, die zu ihm kam von der großen Herrlichkeit: Dies ist mein lieber Sohn, an dem ich Wohlgefallen habe.
Und diese Stimme haben wir gehört vom Himmel kommen, als wir mit ihm waren auf dem heiligen Berge.
Umso fester haben wir das prophetische Wort, und ihr tut gut daran, dass ihr darauf achtet als auf ein Licht, das da scheint an einem dunklen Ort, bis der Tag anbreche und der Morgenstern aufgehe in euren Herzen.
Und das sollt ihr vor allem wissen, dass keine Weissagung in der Schrift eine Sache eigener Auslegung ist.
Denn es ist noch nie eine Weissagung aus menschlichem Willen hervorgebracht worden, sondern getrieben von dem Heiligen Geist haben Menschen im Namen Gottes geredet.

Gott, sprich zu uns. Gib uns deine Liebe ins Herz, dass sie wirksam werde ich aller Welt. Amen.

Wir haben das prophetische Wort, sagt der 2. Petrus. Er spricht von der Wiederkunft Christi. Christus kommt ganz bestimmt – das hat er gesagt, so steht es in den Schriften. Er ist noch nicht fertig mit der Welt, er kommt, und wird alles richten, alles gut machen, bei uns wohnen. Das ist die Hoffnung des 2. Petrus, das ist für ihn, der in einer Zeit lebt, wo Christen bedrängt und verfolgt werden, wie ein Licht an einem dunklen Ort. Und er ist ganz sicher:
Wenn Christus kommt, dann ist es als wenn nach langer, schwerer Nacht der Tag kommt – der Morgenstern geht in unseren Herzen auf, wir werden sehr froh sein und endlich befreit.
Die kleine Königstochter in unserem Märchen bekam eine ganze Menge prophetischer Worte mit auf den Weg. Alle sagten sie ihr Glück und Freude voraus. Alle – bis auf eine.

Wie im richtigen Leben vertraute auch der König mehr auf die eigene Kraft als auf die Macht der Worte. Er ließ alle Spindeln im Reich verbrennen. Er glaubte, er könne dem Unheil wehren. Er glaubte, er könne das Gute nehmen, und das Böse verhindern. Das Kind erhielt alle Gaben, die ihm die Frauen gaben: Es war freundlich und klug, schön und verständig. Jeder im Reich gewann es lieb. Aber über seinem Kopf schwebte die Gefahr: Das böse Wort der bösen Fee.
An Ihrem und meinem Bettchen, liebe Gemeinde, haben keine Feen gestanden. Es gab ja wohl auch keine goldenen Tellerchen, also keinen Grund, bei irgendwem in Ungnade zu fallen. Es gibt – Gott sei Dank! – auch keine so konkreten Weissagungen über unserem Leben. Vielleicht haben sich unsere Eltern Gedanken gemacht: Was wird wohl aus dem Kind werden? Wie wird es ihm ergehen? Und viele haben sich vorgenommen: Mein Kind soll es einmal besser haben! Und ich glaube, den Meisten von uns ist es tatsächlich besser ergangen als unseren Eltern. Aber wir sind getauft, und das vergessen wir häufig: Am Beginn unseres Lebens steht Gottes Wort: Du bist mein Kind, ich hab dich lieb, was immer auch geschieht. Ich werde immer für dich da sein. Eine Weissagung ist das. Es bedeutet: Wir können gar nicht aus Gottes Gnade herausfallen, was immer auch geschieht, und selbst wenn es das schlimmste wäre, lässt Gott uns doch nicht fallen.
Auch Dornröschen blieb trotz allem nicht bewahrt. An seinem 15. Geburtstag streifte es, neugierig und offenherzig wie es war, durch den Palast. Es öffnete jede Tür, so auch jene, die es nicht hätte öffnen sollen. In einem Turmzimmer saß eine alte Frau und spann. Das hatte Dornröschen noch nie gesehen – wie denn auch? Alle Spindeln waren ja verbrannt. Es war neugierig und wollte sogleich ans Werk und lernen .... und schon stach es sich an der Spindel der alten Frau und fiel von dem Moment an in einen tiefen Schlaf.

Der „Dornröschenschlaf“ ist in unseren Sprachgebrauch eingegangen. Wir meinen damit ein ganz unschuldiges Schlummern, einen Schlaf, der nur auf den Prinzen wartet, der ihn weckt. Aber ganz so einfach ist das nicht, mit Dornröschen und seinem Schlafen. Der ganze Palast fiel von Sekunde an ebenfalls in einen tiefen Schlaf. Selbst die Fliege an der Wand schlief ein, das Feuer im Herd, der Koch mit erhobener Hand, weil er gerade den Lehrling ohrfeigen wollte, der König und die Königin. Alles schlief einen todesähnlichen, tiefen Schlaf über hundert Jahre lang. Und um den Palast wuchs eine Hecke aus Dornen.

Der Predigttext spricht von einem Licht in dunkler Zeit. Wer einmal durch ganz dunkle Zeiten gegangen ist, kann sich vielleicht in Dornröschen hineinfühlen:

Man hat keine Kraft mehr, hat das Gefühl, alles ist schwer und unerträglich.

Man mag sich kaum mehr bewegen, schafft nichts weg.

Man kann sich nicht mehr freuen. Alles ist grau in grau. Und niemand dringt zu einem durch.

Man fühlt sich ganz allein, dem Tode näher als dem Leben.

Depression nennen die Psychologen das – die Meisten kennen solche Gefühle.

Und wenn sich die Dornenhecke schließt, wenn es kein Licht mehr gibt in der Dunkelheit, wenn die Hoffnung stirbt, dann wird ein Mensch krank und kann aus eigener Kraft nicht mehr gesund werden.

100 Jahre dauert der Schlaf der königlichen Tochter. Eine Ewigkeit. Und immer wieder starben junge Männer beim Versuch, in den Palast einzudringen. Es schien, als hätten die Dornen Hände, und sie hielten den Jüngling fest, er konnte nicht mehr vor und nicht zurück und starb in der Hecke einen traurigen Tod. Vergessen schien die Weissagung der letzten Fee: Es würde ein 100-jähriger Schlaf werden, ein tiefer Schlaf, aus dem die Königstochter erst nach hundert Jahren erwachen konnte. So vergessen auch wir in dunklen Zeiten oft die gute Weissagung über unserem Leben. Niemand hat uns jemals gesagt oder versprochen, dass es leicht und mühelos sein würde. Niemand hat gesagt, dass er Krankheit und Schmerz, Verlust und Not von uns fernhalten könnte. Keinem von uns bleiben Erfahrungen von Einsamkeit und Verlassesein erspart. Aber Gott hat gesagt, dass er zu uns steht! Und Petrus sagt in unserem Predigttext: Ihr tut gut daran, dass ihr auf dieses Wort achtet als auf ein Licht, das da scheint an einem dunklen Ort, bis der Tag anbreche und der Morgenstern aufgehe in euren Herzen. Denn der Tag kommt, für Dornröschen und für uns. Als es soweit war, ging auf einmal alles ganz leicht und ganz schnell. Der Richtige kam zur richtigen Zeit. Und die Dornenhecke öffnete sich von ganz alleine, sie trug sogar Blumen zu seinen Ehren. Ungehindert ging der junge Prinz durch den schlafenden Palast. Er kam, um die schöne Königstochter zu wecken. Er fand sie. Sie lag noch an der selben Stelle, unverändert, schön und liebreizend. Er tat, was er tun musste. Das Herz ging ihm über: Er küsste sie sacht auf den Mund. Da erwachte mit ihr das ganze Schloss: Das Feuer im Herd ging wieder an, der Braten brutzelte weiter und der Koch gab

dem Jungen die Ohrfeige, die er sich vor hundert Jahren verdient hatte. Dornröschen heiratete ihren Prinzen und sie lebten vergnügt, bis an ihr Ende. Der Tag kommt auch für uns. Gottes Wort gilt, er lässt uns nicht im Stich. Und wenn wir dann hindurch sind durch die schweren Zeiten, dann können wir auch sehen, wozu das alles gut war. Der Tag kommt! Jesus ist das Licht der Welt. Das Licht für dich und mich und er will und wird unser Leben hell machen und uns beistehen – über den Tod hinaus!

Die Bibel ist voller Prophezeiungen für die dunklen Tage unseres Lebens:

„Kommt her zu mir alle, die ihr mühselig und beladen seid. Ich will euch erquicken" sagt Jesus. Und er sagt:

„Ich bin die Auferstehung und das Leben. Wer an mich glaubt, der wird leben, auch wenn er stirbt."

Er sagt:

„Den Frieden lasse ich euch, meinen Frieden gebe ich euch. Nicht gebe ich euch, wie die Welt gibt. Euer Herz erschrecke nicht und fürchte sich nicht." Es sind gute Worte, Weissagungen, die uns leuchten wollen in dunkler Zeit. Denn der Tag kommt, das hat Gott uns versprochen. Wir wissen nicht, wann das sein wird. Vielleicht wird es nach menschlichem Ermessen dann zu spät sein, so wie der hundertjährige Schlaf des Dornröschens nach menschlichem Ermessen zu lang war. Für uns aber wird es auf jeden Fall sein, als ob das Morgenlicht in unseren Herzen aufginge. Unser Leben wird sich anfühlen wie der junge Tag. Ein Neubeginn wird möglich sein – zu jeder Zeit. Das ist Gottes Versprechen, seine Verheißung an uns. Sollten wir uns nicht darauf verlassen? – Wir täten gut daran.

Und der Friede Gottes, der höher ist als all unsere Vernunft, bewahre darum unsere Herzen und Sinne in Christus, Jesus, unserem Herrn. Amen.

Reminiscere; Predigttext: Matthäus 12, 38-42

In dem Predigttext für diesen Sonntag geht es um die Autorität Jesu, die bewiesen werden soll. Ich lese aus dem Matthäusevangelium im 12. Kapitel (38-42):

Da fingen einige von den Schriftgelehrten und Pharisäern an und sprachen zu ihm: Meister, wir möchten gern ein Zeichen von dir sehen.
Und er antwortete und sprach zu ihnen: Ein böses und abtrünniges Geschlecht fordert ein Zeichen, aber es wird ihm kein Zeichen gegeben werden, es sei denn das Zeichen des Propheten Jona.
Denn wie Jona drei Tage und drei Nächte im Bauch des Fisches war, so wird der Menschensohn drei Tage und drei Nächte im Schoß der Erde sein.
Die Leute von Ninive werden auftreten beim Jüngsten Gericht mit diesem Geschlecht und werden es verdammen; denn sie taten Buße nach der Predigt des Jona. Und siehe, hier ist mehr als Jona.
Die Königin vom Süden wird auftreten beim Jüngsten Gericht mit diesem Geschlecht und wird es verdammen; denn sie kam vom Ende der Erde, um Salomos Weisheit zu hören. Und siehe, hier ist mehr als Salomo.

Herr, öffne uns die Ohren und das Herz, dass wir dein Wort hören in den menschlichen Worten, die dich bezeugen. Amen.

Pharisäer und Schriftgelehrte, liebe Gemeinde, verstehen sich als Hüter der religiösen Tradition. Die korrekte Auslegung der Heiligen Schrift liegt ihnen am Herzen. Die neuen religiösen Bewegungen im Land allerdings beobachten sie mit Argwohn. Allerhand Wahrsager, Wunderheiler und selbst ernannte Propheten treiben sich herum und finden regen Zulauf. Dazu kommt, dass die römischen Besatzer ihre Religion verachten und die Verehrung des römischen Kaisers fordern. *„Meister, wir möchten gern ein Zeichen von dir sehen"*, heißt es in unserem Predigttext. Anzumerken ist, dass Jesus die respektvolle Anrede „Rabbi" (Meister) erhält. Sie anerkennen ihn durchaus als solchen. Das bedeutet doch wohl, dass Meinungsbildung und Urteil über ihn noch nicht völlig abgeschlossen sind. Und trotzdem wollen sie ihn kontrollieren: „Beweise uns doch erst einmal, wer du bist! Wo hast du studiert, was hast du bisher gemacht, du Sohn des Zimmermanns! Wir wollen ein Zeichen vom Himmel, damit wir tatsächlich sehen können, ob du wirklich Gottessohn bist!" Und was macht Jesus? Er gibt kein einziges Zeichen: kann er nicht oder will er nicht? Ich denke, jeder Arzt würde uns eine unfreundliche Bemerkung zu teil werden lassen, wenn wir vor Beginn einer Behandlung seine Zulassungsurkunde sehen wollten. Wäre das nicht ein Zeichen eines Misstrauens? – Ja, mit Sicherheit sogar! So ist es auch ein Misstrauen, dass die

Pharisäer und Schriftgelehrten ein Zeichen von Jesus sehen wollten. Und nebenbei gesagt, hatte Jesus doch so einiges vorzuweisen, das hatten sie ja mitbekommen: Dass er Kranke geheilt hatte, wussten sie ja schon. Dass er Wasser zu Wein verwandeln konnte, hatten sie auch gehört. Dass selbst Tote von ihm zurück ins Leben gerufen worden waren, war ihnen auch bekannt. Das allein wäre doch ein Zeichen gewesen?! Diese Wunder und Zeichen genügen wohl nicht. Besondere Kräfte können auch von finsteren Geistern herstammen. Ein paar Verse vor unserem Predigttext werfen die Gelehrten Jesus ja genau das vor. Da heißt es: *„Er treibt die bösen Geister nicht anders aus als durch Beelzebul, ihren Obersten."* (Mt 12, 24). Nein, sie verlangen noch mehr und weitere Beweise: sie verlangen Zeichen vom Himmel, die seine Autorität als Gottessohn beweisen und beglaubigen. Geht es uns denn nicht auch oft so wie den Pharisäern und Schriftgelehrten? Ich meine, wir sollten uns selbst an die eigene Nase fassen und uns, jeder für sich die Frage stellen und beantworten: „Wie steht es denn mit meinem eigenen Glauben an den lebendigen Gott? Ist er so stark und so gefestigt?" Und seien wir doch mal ehrlich, jeder von uns wünscht sich in Krisensituationen, also in Situationen, wo unser Glaube schwächelt, ein fühlbares Zeichen von Gott. Ein Zeichen, dass es ihn wirklich gibt, ein Zeichen seiner Gegenwart, seiner Nähe und seiner Lebendigkeit.

Ich behaupte einmal, dass sich jeder von uns hier immer wieder einen starken Glauben wünscht, der ihn trägt, vor allem dann, wenn er in Sorge und Angst ist oder eine wichtige Entscheidung treffen muss. Jeder wird sich dann ein Zeichen wünschen, um Vertrauen zu können. Es gibt Lebenssituationen, wo unser Glaube so winzig klein ist wie ein Senfkorn, dass wir beginnen zu zweifeln und vielleicht uns auch von Gott abwenden, weil wir meinen, Gott existiert nicht. Weil wir meinen, ihn nicht zu fühlen und nicht zu spüren. Wir würden doch so gern mehr von Gott sehen und hören! Und die kleinen Zeichen und Wunder, mit denen Gott uns heute noch begegnet und beschenkt: seien wir doch mal ehrlich. Sie werden kaum oder gar nicht mehr beachtet:

Kranke, die nach einer schweren Krankheit wieder heil und gesund werden oder mit dieser Krankheit zu leben gelernt haben.

Gescheiterte, die einen neuen Anfang wagen und einen geraden Weg gehen.

Eheleute, die nach schwerer Krise neues Vertrauen zueinander finden.

Und wenn sich ein guter Freund Zeit für uns nimmt, um zu trösten und aufzubauen, der unser Weinen in Lachen, unsere Sorge in Zuversicht, unsere Dunkelheit in Licht verwandelt, so dass unser Leben wieder einen Sinn bekommt – dann ist das ein Zeichen. Gottes Liebe und Barmherzigkeit kommt uns in diesem Menschen entgegen, der uns gerade gegenübersteht und uns seine Hilfe anbietet.

All diese Gesten der Barmherzigkeit sind nichts Selbstverständliches, nein, im Gegenteil! Da ist Gott gegenwärtig und anwesend! Das sind für mich klare Zeichen, wo Gott in Jesus in unser Herz kommt, uns einen Weg zeigt, den wir wieder gehen können im Vertrauen auf die Kraft seines Geistes, der uns in diesen Zeichen leitet und begleitet. So kann ich auch aus eigenen Erfahrungen von vielen kleinen Wundern und Zeichen berichten. Eines möchte ich Ihnen und Euch erzählen: 16 Jahre ist es her. Ich fuhr morgens mit meinem Auto zur Arbeit. Es war Anfang November, dunkel und neblig. Da stand plötzlich ein Auto quer auf der Straße und ein Mann starrte in meine ihm entgegenfahrenden Scheinwerfer. Ich ging voll in diesen Eisen und kam wenige Zentimeter vor ihm zum Stehen. Kurz darauf hörte ich zwei heftige Schläge. Dann weiß ich nur noch, dass ein Polizist neben mir stand und fragte: „Sind Sie auch an dem Unfall beteiligt?“ Ich muss ihn ziemlich entgeistert angesehen haben. Ich stand mit meinem Auto nicht mehr direkt vor dem querstehenden Auto, sondern auf dem Seitenstreifen. Wie ich dahingekommen bin, weiß ich nicht. Für mich jedenfalls war das ein Zeichen und ein Wunder. Gott hatte mich vor schlimmerem bewahrt.

Liebe Gemeinde, wer die kleinen Wunder des Lebens nicht sehen will, der ist auch nicht in der Lage die großen Wunder zu erfassen. Das Alte Testament erzählt vom Propheten Elias. Dieser kommt zum gleichen Berg, wo Gott seinem Volk einst die Zehn Gebote mitgeteilt hatte. In einer Höhle soll er Gott nun selbst erleben. Da geschehen nun gewaltige Naturereignisse: ein Orkan, ein Feuer und ein Erdbeben. Doch Gott ist nicht in diesen gewaltigen Naturereignissen. Gott erscheint schließlich im leisen Säuseln eines Windes. Deshalb meine ich: In den kleinen Wundern des Alltags entdecken wir die Spuren unseres lebendigen Gottes. Was wir brauchen, sind keine gewaltigen Zeichen, sondern offene Augen, offne Ohren und vor allem: offene Herzen. In unserem Predigttext sagt Jesus: *„Ihr werdet kein Zeichen bekommen, außer das Zeichen des Jona.“* Sie erinnern sich noch an Jona? Der Prophet sollte nach Ninive gehen und die Menschen dort zur Umkehr zu Gott rufen. Er wollte nicht gehen, wollte sich drücken und einfach verschwinden. Das Schiff, mit dem er flüchten wollte, geriet in schweren Sturm. Jona wurde ausgelost als Opfer an die Götter, um den Sturm zu besänftigen. Da schickt Gott einen großen Fisch, der ihn verschluckt und nach drei Tagen und drei Nächten wieder am Strand ausspuckt. Jona hatte drei Tage und drei Nächte Zeit, Zeit zum Nachdenken, Zeit für sich und seine Gottesbeziehung. Länger als drei Tage, so sagt der jüdische Glaube, lässt Gott den Gerechten nicht im Stich. Jona bekommt einen Neuanfang geschenkt. Er weiß, er kann Gott nicht entfliehen, er weiß, er muss diesen Weg gehen. Und er geht ihn. Er geht nach Ninive, er predigt Buße, und die Menschen bekehren sich. Sie ließen sich ein auf seine Worte, schenkten ihnen Glauben, vertrauten darauf und ließen sich verändern. Die Menschen in Ninive haben offenere Ohren und Herzen als die Pharisäer und Schriftgelehrten. Sie brauchen keine weiteren Zeichen als die Worte des Jona.

Dann spricht Jesus noch von einem anderen Zeichen, das auch nicht unbekannt war: die Königin von Saba. Vom Ende der Erde, als völlig gottlose Frau, sucht sie die Begegnung mit dem weisen König Salomo, der von dem Gott der Juden in sein Amt gerufen und mit so großer Weisheit

ausgestattet wurde. Sie ist Beispiel dafür, wie jemand sich selber zurückstellt, sich öffnet für die ganz anderen Gedanken, sich darauf einlässt und darin Weisheit erfährt.
Die Niniviten und die Königin von Saba haben einen größeren Glauben als viele Christen:
wir haben die Bibel, wir haben unser Wissen von Gott, wir erleben das Wirken Gottes in vielen Dingen und doch verlangen viele Christen nach Beweisen für die Existenz Gottes oder nach handfesten Zeugnissen für die Auferstehung Jesu von Toten. Wir kennen den Fisch als ein Symbol als ein Erkennungszeichen der Christen. Er ist das erste Glaubensbekenntnis. Der Fisch (gr. ICHTHYS) bedeutet übersetzt: „Jesus Christus, Gottes Sohn, Erlöser". Die Grundlage für das Fischsymbol bildet die Lehre, dass der HERR JESUS als „Fisch" bezeichnet wird. Das einzige Zeichen für die Einzigartigkeit Jesu als Sohn Gottes ist sein Sterben und seine Auferstehung von den Toten. Wahrsager, Wunderheiler, selbsternannte Propheten und andere Menschen mit besonderen Fähigkeiten hat es immer gegeben. Aber nur **einer** ist Gottes Sohn:
Am Kreuz gestorben und am dritten Tag auferstanden von den Toten. Es gibt nur **einen**, der das Wunder eines neuen Lebens vollbringt. Ihm lasst uns allein vertrauen! Er verdient unser Vertrauen zu jeder Zeit und in jeder Lage. In besonderer Not dürfen wir besondere Hilfe von ihm erwarten. Alle Dinge sind in den Händen Gottes sicher geborgen. Was wir ihm anvertrauen, wird er behüten. Wer dem HERRN vertraut, ist im tiefsten Sinne glücklich. Wir vertrauen nie zu viel, wenn wir auf Gott allein unser Vertrauen setzen.
Passionszeit ist Bußzeit, Umkehrzeit, Zeit für Veränderungen, Zeit zum Hören und Nachdenken auf dem Weg zum Kreuz, auf dem Weg zu Ostern. Auf diesen Weg sind wir geschickt. Nutzen wir die Zeit ihn zu gehen.

Und der Friede Gottes, der höher ist als all unsere Vernunft, bewahre darum unsere Herzen und Sinne in Christus, Jesus, unserem HERRN. Amen.

Okuli; Predigttext: Lukas 9, 57-62

Der Predigttext des heutigen Sonntags steht im Lukasevangelium im Kapitel 9, die Verse 57-62:

Und als sie auf dem Wege waren, sprach einer zu ihm: Ich will dir folgen, wohin du gehst.
Und Jesus sprach zu ihm: Die Füchse haben Gruben und die Vögel unter dem Himmel haben Nester; aber der Menschensohn hat nichts, wo er sein Haupt hinlege.
Und er sprach zu einem andern: Folge mir nach! Der sprach aber: Herr, erlaube mir, dass ich zuvor hingehe und meinen Vater begrabe.
Aber Jesus sprach zu ihm: Lass die Toten ihre Toten begraben; du aber geh hin und verkündige das Reich Gottes!
Und ein andrer sprach: Herr, ich will dir nachfolgen; aber erlaube mir zuvor, dass ich Abschied nehme von denen, die in meinem Haus sind.
Jesus aber sprach zu ihm: Wer seine Hand an den Pflug legt und sieht zurück, der ist nicht geschickt für das Reich Gottes.

Herr, öffne unsere Herzen, dass wir erkennen, was du uns sagen willst. Amen.
Liebe Gemeinde,
Jesus ist auf seiner letzten Reise nach Jerusalem und erfährt gerade jetzt zum Teil erbitterten Widerstand. Zunächst in Samarien, aber schließlich auch im jüdischen Volk. Er begegnet vielen Menschen, aber es sind nicht alle bereit, ihm nachzufolgen. Was heißt für uns heute Nachfolge? Nachfolge heißt für mich: sich aufmachen, aufbrechen, sich einen neuen Weg zeigen lassen. Aber, ist das denn so einfach? Leben wir nicht mehr oder minder alle lieber unseren alten Trott, die bekannte, eingefahrene Schiene, tagein-tagaus die gleichen Rituale, die gleichen Traditionen? Das, was ich habe, kenne ich, das jagt mir weniger Angst ein, weil es mir bekannt ist. Warum soll ich von der Sicherheit in die Unsicherheit gehen? Jesus sagt in unserem Text: *„Wer seine Hand an den Pflug legt und sieht zurück, der ist nicht geschickt für das Reich Gottes."* Der Blick zurück, der tut nicht immer gut. Der kann Leben verhindern, blockieren. Wenn einer immer nur sieht, was früher besser war. Oder - dass schon früher nichts geklappt hat. Oder- Wenn einer nicht vergeben kann. Nicht, dass es immer falsch wäre, dieser Blick. Manchmal ist es ganz hilfreich, zurückzuschauen. Bilanz zu ziehen. Wer überhaupt nicht zurückschaut, der kann auch nur wenig lernen.
Sören Kirkegart sagt: „Das Leben können wir nur vorwärts gehen, aber verstehen nur im Rückblick." Der Blick zurück kann auch dankbar und gnädig machen. Aber, er kann eben auch verbohrt machen und starr. Lots Frau ist – im wahrsten Sinne des Wortes – ein gutes Beispiel dafür. Sie, die sich nach der untergehenden Stadt Sodom umschaut, erstarrt zur Salzsäule. Und auf der

anderen Seite ist der Urvater Abraham wohl der Garant dafür, dass der Blick nach vorne Leben ermöglicht. – Abraham, der sein gesichertes Leben in Ur aufgibt, weil Gott ihm erscheint und ihn ruft. Und loszieht in ein fernes Land, bloß auf die Verheißung hin, dass Gott ihn segnen wird. Schauen wir uns doch mal die Drei aus dem Predigttext an, die vor dem Schritt in die Nachfolge stehen, und achten darauf, was Jesus ihnen sagt:

Der Erste, der Begeisterte:

„Jesus, ich komme mit dir, egal, wo du hingehst!" So ruft er von sich aus. Er ist voll motiviert, voller Tatendrang, bereit, sofort und freudig aufzubrechen. Vielleicht hat er gerade ein Wunder miterlebt, eine Heilung oder eine beeindruckende Predigt gehört. Begeistert und mitgerissen lässt er alles steh'n und liegen und will ganz ernst machen.

Begeisterte gibt es auch heute noch: Nach einem gelungenen Gemeindefest, einem Kirchentag, einer Bibelwoche, einer tollen Predigt oder nach einer überraschenden schnellen Genesung. „Ja, jetzt mach' ich ganz ernst, bringt mich niemand mehr vom Glauben ab, jetzt wird alles anders!" So klingen Beigeisterte. Sie sehen ein herrliches Leben als Kinder Gottes vor sich: - Glück – Freude – Sonnenschein. Doch Jesus sieht auch die Gefahr, die dahinter verborgen ist. Er bremst den Mann: "Du willst mir folgen, wohin ich gehe? Weißt du, was du da sagst? Der Weg mit mir ist kein Schweben auf Wölkchen. Mit mir gehen ist oft unbequem, es kann hart sein. Wer mit mir geht, stößt auf Widerstände und lässt sich auf einen unbekannten Weg ein." *„Die Füchse haben Gruben, und die Vögel unter dem Himmel haben Nester, aber der Menschensohn hat nichts, wo er sein Haupt hinlegt."* Will Jesus den Begeisterten abschrecken? – NEIN! – Aber ernüchtern! Er soll klar sehen. Nachfolge ist nicht immer süß und leicht, heißt nicht immer ruhig, sicher und geborgen leben. Es kann auch heißen: Ungewiss, einsam, schutzlos, ohne äußere Sicherheit sein. Manchmal fehlt die Nestwärme. Bisweilen erfährt man erbitterten Widerstand. Der Weg Jesu ist auch ein Kreuzweg. Das soll jeder wissen, der ihn geht. Wer einen solchen Weg mit falschen Vorstellungen beschreitet, wird schnell aufgeben.

Der Zweite hier in unserem Evangelium ist ganz anders. Ich würde ihn den Zögerer nennen. Er sagt nicht von sich aus, dass er mitkommen will. Jesus muss ihn erst ansprechen, persönlich einladen: *„Folge mir nach!"* - Und auch da zögert er noch: „Ja, ich würde schon, aber da gibt es etwas, was mir im Augenblick noch wichtiger ist, als dir nachzufolgen. Ich muss erst noch meinen Vater begraben." Wir hätten alle vollstes Verständnis, würden ihn entschuldigen: Natürlich, begrabe deinen Vater. Und doch gilt nach Jesu Worten: Wer ihm nachfolgen will, der darf sich nicht allzu häuslich niederlassen. Er sollte beweglich bleiben, offen für die Gegenwart und für die Zukunft. Gut, das lässt sich ja noch verstehen. Aber, wie ist es mit den Toten, die ihre Toten begraben sollen? Das kann doch nicht bedeuten, Begräbnisse seien unchristlich. Menschen, die einen Angehörigen verloren haben, dürfen natürlich Abschied nehmen und dürfen in den Riten, die ihre Kultur dafür gefunden hat, auch ihren Trost suchen. Gerade die Beerdigung kann einem, der zurück geblieben ist, helfen zu verstehen, was geschehen ist. Und ein Grab, zu dem ich mit Blumen gehen kann, kann ein Ort werden, an dem ich den Verlust zu tragen lerne, ein Ort, von dem aus ich dann, wenn es Zeit ist, weitergehen kann in eine neue Zukunft, in ein neues Leben.

„Wenn ihr den sucht, der das Leben will, dann such das, was dem Leben dient.“

Das soll euer Maßstab sein. Und das kann durchaus mal etwas ganz anderes, etwas völlig Neues sein. Das ist gar nicht so leicht. Wir wollen das festhalten, was wir erreicht haben und sind stolz darauf. Aber für einen Christen kann unter Umständen Nachfolge bedeuten, das Sichere aufzugeben. Es kann der Moment kommen, wo ich gefragt werde: „Das oder das? Was ist dir wichtiger? Haben oder Sein? Stillstand oder Bewegung?“ Es ist schockierend wie hart Jesus da sein kann: *„Lass die Toten ihre Toten begraben; du aber geh hin und verkündige das Reich Gottes!“*

Da ist noch ein Dritter: Den Unentschlossenen möchte ich ihn nennen. Auch er wird von Jesus in die Nachfolge gerufen. JA, sagt auch er. Und fügt – genau wie der Zögerer – ein ABER hinzu: *„Ja, Herr, ich will dir nachfolgen, ABER erlaube mir zuvor, dass ich Abschied nehme von denen, die in meinem Hause sind.“* Wieder kann man fragen: Ist das denn nicht verständlich? Es ist doch nur ein kleiner Aufschub. Was macht es schon, wenn ich erst morgen komme? Genauso denken viele – die auch vom Glauben – von Jesus – angesprochen sind: Klar ist mir der Glaube wichtig – ABER. Über dieses kleine Wort stolpern viele. Junge Leute sagen oft: „Ich finde das schon gut, als aktiver Christ hast du Ziele, hast du etwas, was dich hält. ABER, da gibt es so vieles, was mir wichtig ist, was ich auch noch erleben möchte: Das Kino, meine Freunde, mein Sport – das brauche ich alles.“

Bei den Älteren klingt das schon ein wenig anders: „Ich hätte schon Interesse, ABER ich bin müde, habe so viel Stress, die Familie sehe ich sowieso zu wenig...“ Über dem Abschied nehmen vom Alten vergeht die Zeit: Jahre, Jahrzehnte, ein ganzes Leben. Oft gelingt der Abschied von den liebgewordenen Gewohnheiten gar nicht, und aus der Nachfolge wird nichts. Niemand weiß, wie sich die Angesprochenen, von denen Lukas erzählt, entschieden haben. Ihre Antwort auf Jesu Worte wird nicht überliefert, bleibt offen. Und gerade so werden diese Worte an mich, und an jeden, der sie liest oder hört, weitergereicht: „Wie hältst du es damit? Richte dich in dieser Welt nicht so häuslich ein, dass du nicht mehr aufbrechen kann!

Dein Zuhause ist das Reich Gottes, das vor dir liegt. Hänge dich nicht an Dinge oder Werte, die längst tot sind. Suche nach dem Lebendigen! Schau nicht ständig zurück auf die gute alte Zeit. Freu dich auf das, was Gott mit dir vor hat, dir verheißen hat!“ Im Reich Gottes sein Zuhause finden wird wohl nur, wer Jesus nachfolgt, seine Weghilfe annimmt. Wer sich dauernd an Altem festhält und immer aufhalten lässt, *„wer seine Hand an den Pflug legt und sieht zurück, der ist nicht geschickt* *für das Reich Gottes.“* Wer vergangenen Zeiten nachtrauert, der verliert das Ziel aus den Augen. Wir dürfen mit Jesus neu aufbrechen, ohne zurückzusehen. So lange wir auf ihn hören und sehen, kann uns von dem neuen Weg nichts abhalten. Wer früher einen alten Pflug in die Erde gedrückt hat, hinter einem Pferd oder Rind, der durfte sich dabei nicht umsehen, sondern nur nach vorne sehen. Der musste das Ziel im Blick haben. Jesus sagt: *„Siehe, ich mache alles neu. – Ist jemand in Christus, so ist er eine neue Kreatur.“* Manchmal sehen wir das Reich Gottes, das Ziel, noch nicht. Aber Nachfolge hat auch etwas mit Vertrauen zu tun. Mit dem Vertrauen: „Herr, der Weg, den du mich führst, auf den du mich leitest, der ist gut und macht mich heil.“ Wir müssen nicht überschwänglich begeistert sein, dürfen aber auch nicht zögern oder unentschlossen bleiben. Wer seinen Weg mit Jesus geht, in seinem Sinn nach dem Maßstab der Liebe und der Barmherzigkeit handelt, wird gesegnet, dessen bin ich gewiss!

Und der Friede Gottes, der höher ist als alle Vernunft, bewahre darum unsere Herzen und Sinne in Christus Jesus, unserem Herrn. Amen

Palmarum; Predigttext: Markus 14, 3-9

Liebe Gemeinde,
mit dem heutigen Sonntag, Palmsonntag, beginnt in unseren Kirchen die Woche mit dem Gedenken an das Leiden und Sterben von Jesus Christus. Am Ende seines irdischen Wirkens kommt Jesus ein letztes Mal nach Jerusalem, um mit seinen Jüngern das Passahfest zu feiern. Anders als sonst vollzieht sich sein Einzug nicht in aller Stille. Die Menschen jubeln ihm mit Palmzweigen zu, während die Führer des Volkes bereits seine Hinrichtung geplant und vorbereitet haben.
Doch zwei Tage vor dem Passahfest ereignet sich etwas, worüber man, wo auch immer die frohe Botschaft Gottes weitergegeben wird, auch davon sprechen wird.

Ich lese den Predigttext aus Mk 14:

Und als er in Betanien war im Hause Simons des Aussätzigen und saß zu Tisch, da kam eine Frau, die hatte ein Glas mit unverfälschtem und kostbarem Nardenöl, und sie zerbrach das Glas und goss es auf sein Haupt.
Da wurden einige unwillig und sprachen untereinander: Was soll diese Vergeudung des Salböls? Man hätte dieses Öl für mehr als dreihundert Silbergroschen verkaufen können und das Geld den Armen geben. Und sie fuhren sie an.
Jesus aber sprach: Lasst sie in Frieden! Was betrübt ihr sie? Sie hat ein gutes Werk an mir getan. Denn ihr habt allezeit Arme bei euch, und wenn ihr wollt, könnt ihr ihnen Gutes tun; mich aber habt ihr nicht allezeit.
Sie hat getan, was sie konnte; sie hat meinen Leib im Voraus gesalbt für mein Begräbnis.
Wahrlich, ich sage euch: Wo das Evangelium gepredigt wird in aller Welt, da wird man auch das sagen zu ihrem Gedächtnis, was sie jetzt getan hat.

Gott, sprich zu uns. Gib uns deine Liebe ins Herz, dass sie wirksam werde in aller Welt. Amen.

Betanien ist ein kleiner Ort in der Nähe von Jerusalem. Auf dem Weg dorthin kehrt Jesus mit seinen Jüngern bei Simon, dem Aussätzigen ein. Darüber regt sich keiner besonders auf. Anscheinend hat man sich schon daran gewöhnt, dass er dort hingeht, wo „man" eigentlich weg bleibt. Aber dann kreuzt eine Frau auf, mit der niemand gerechnet hat. Sie platzt ins abendliche Essen, in eine Tischrunde mit lauter Männern. Das allein ist schon ungeheuerlich, denn eine Frau hat hier nichts zu suchen, es sei denn, sie bedient die Gäste. Sie steuert direkt auf Jesus zu. Bevor noch einer etwas sagen kann, zerbricht sie ein Fläschchen, das sie in Händen hält, dem augenblicklich ein wunderbarer Duft entströmt. Reines, unverfälschtes Nardenöl. Eine Kostbarkeit ohne gleichen. – Sie alle haben am Eingang eine Karte zu diesem Bibeltext bekommen. Sie zeigt die Szene, wie ich finde, in eindrücklicher Weise. -

Die Frau gießt das kostbare Öl Jesus mutig und entschlossen auf den Kopf. Es ist sogar zu riechen. – Schnuppern Sie mal an der Karte. – Die Frau salbt Jesus. An sich ist das nichts Ungewöhnliches. In Israel war es üblich, dem Gast vor dem Mahl Öl zur Salbung darzureichen oder ihm durch einen Sklaven die Füße salben zu lassen. Dennoch sind die Männer zunächst sprachlos, sie halten die Luft an. Diese Frau verstößt nicht nur gegen die Regeln, nein, sie verschwendet auch noch Geld, indem sie das teuerste Öl benutzt, das es damals gab. Der Preis des Öls entsprach in etwa dem Jahreseinkommen eines Tagelöhners. Diese Handlung löst den Unwillen einiger Männer aus. Der Einspruch erfolgt prompt. *„Was soll diese Vergeudung des Salböls?“*, so heißt es in dem Bibeltext. Wie viele Arme hätte man speisen können! Wie vielen Obdachlosen hätte man eine Unterkunft geben können! Wie viele Bedürftige hätten Hilfe bekommen können?

Ich denke, auch uns ist solch eine Argumentation, wie die der Männer einleuchtend: „Was für eine Verschwendung! – Man hätte doch – man sollte doch – wäre es nicht besser gewesen, wenn…“ Natürlich: das Geld den Armen geben. Ist das nicht auch unser Bild von Kirche: da sein für die Armen und Benachteiligten? Bloß nichts verschwenden, sondern sparen – aufheben für sinnvolle Zwecke. Ist es eigentlich richtig, Spenden zu sammeln um Kirchen zu sanieren, oder muss man alles den Armen geben?

Oder im privaten Bereich:

Ist es denn wirklich nötig, dass ich meiner Freundin / meinem Freund ein Geschenk mache, einfach so, ohne einen besonderen Anlass wie Geburtstag oder Weihnachten?

Ich bin beeindruckt über den Mut dieser Frau!

War sie eine der Frauen, denen Jesus ihre Würde wiedergegeben hatte?

War sie eine Frau, die Jesus liebte und verehrte, aber sonst nichts galt und nichts zu verlieren hatte?

Der Evangelist Markus gibt dieser Frau keinen Namen und erzählt auch nichts von ihr persönlich. Wir wissen nichts von ihr außer, dass sie getan hat, was sie tun konnte.

Ich denke, dass sie und ihre Handlung, die eine Zeichenhandlung darstellt, von tiefen Gefühlen begleitet und motiviert gewesen sein muss. Denn mit Logik wäre sie kaum zu erklären. Ein Vermögen für die einmalige Salbung eines besitzlosen Wanderpredigers einzusetzen, der nach eigenem Bekunden Reichtum für gefährlich hält und die Armen selig preist, erscheint wenig bedacht. Trotzdem zerbricht die Frau die Flasche mit dem kostbaren Öl und „vergeudet“ ein ganzes Vermögen auf dem Haupt Jesu. Wenn es also nicht der Verstand ist, der sie antreibt, so ist es wohl das Herz. Sie will nicht ihren Reichtum inszenieren, sondern ein gutes Werk an Jesus tun. Und dafür ist ihr das Beste gerade gut genug. Sie zeigt ihm, dass sie bereit ist, alles für ihn zu geben.

Und sie tut es mit Inbrunst, ohne Kompromisse und ohne Rücksicht. Damit zeigt sie eine kindlich naive Liebe, wie sie Jesus von seinen Anhängern fordert.

Ein gutes Werk tun – damit komme ich zurück auf meine beiden Beispiele:

Spenden sammeln für die Sanierung unserer Kirchen, um Gottesdienste an einem sakralen Ort weiterhin feiern zu können, Gott unsere Liebe zu ihm in diesem besonderen Haus zeigen zu können, ist sinnvoll und wichtig - und das Geld ist nicht verschwendet.

Ich darf meiner Freundin / meinem Freund „außer der Reihe" ein Geschenk mitbringen, um ihr oder ihm meine Liebe, meine Zuneigung zu zeigen. – Auch das ist sinnvoll und wichtig – und dafür ist das Geld auch nicht verschwendet.

All das – das Tun der Frau, die Sammlung für die Kirchensanierung und das Zwischendurchgeschenk - erinnert mich an einen Vers aus dem Hohen Lied der Liebe. Der Apostel Paulus schreibt in seinem Brief an die Korinther (1. Kor 13): *„...und wenn ich all meine Habe den Armen gäbe und ließe meinen Leib verbrennen und hätte die Liebe nicht – so wäre mir's nichts nütze."*

Wenn ich etwas aus Liebe tue, ist es keineswegs Verschwendung!

„Sie hat meinen Leib im voraus gesalbt für mein Begräbnis," spricht Jesus in unserem Bibeltext. Jesus hat die Salbung sichtlich gut getan. Er ist in diesem Moment der Arme, der Schwache, der Zuwendung braucht. Und diese Frau ist die Einzige, die dies verstanden hat. Diese Frau fühlt mit dem Menschen Jesus. Sie spürt seine Todesangst. Es ist ihr, als trüge sie seine Schmerzen am eigenen Leib, als erlitte sie selbst sein grausames Leiden und Sterben. Deshalb sucht sie nach einem Mittel, die Schmerzen zu lindern. Sie salbt ihn. Sie ist ihm Stärkung und kann ihm Stärkung geben auf seinem Todesweg. Jesus hatte es seinen Jüngern angedeutet. Aber keiner der Jünger wollte sich mit dem Tod Jesu auseinandersetzen. Den Tod will keiner wahrhaben. Denn Abschied nehmen schmerzt. Nur diese Frau teilt mit Jesus das Wissen um das, was auf ihn zukommt. Sie erkennt wie eine Prophetin die „Zeichen der Zeit" und handelt. Sie lässt Jesus in dieser Nähe des Todes nicht allein. Sie berührt ihn. Sie tut ihm Gutes, salbt ihn mit kostbarem Öl. So wie der Duft des Öls verströmt diese Frau Liebe im Angesicht des Todes. Sie weiß, wie kostbar der Augenblick ist, wenn der Tod bevorsteht. Kostbarer als Ordnungen und Konventionen. Eine hellhörige und hellsichtige Frau. Sie wird mit dieser vorbehaltlosen Hinwendung zu Jesus zum Vorbild für alle späteren Generationen von Christinnen und Christen, die sich bis heute an sie erinnern. Sie gibt uns allen damit ein Beispiel dafür, dass wir die Leidenden und Sterbenden nicht allein lassen. Wer von uns eilt nicht – wenn es ihm oder ihr irgendwie möglich ist - an das Sterbebett eines Angehörigen oder Freundes, setzt sich neben ihn, hält ihm die Hand, betet mit ihm und begleitet ihn auf diesem Weg?

Liebe Gemeinde, der Duft des kostbaren Öls, die Zärtlichkeit der Gesten, die Liebe in der Verschwendung, all das wird Jesus durch die Leidenszeit tragen, mehr als alles andere. Wie wäre

Jesus wohl in den Tod gegangen, ohne diese zärtlichen Berührungen? Sie sind der helle Fleck im dunklen Geschehen, in der Trostlosigkeit der Karwoche.
In dieser Geschichte ist bereits die Auferstehung im Keim angelegt. Die behutsamen Berührungen machen Jesus, den Todeskandidaten, zu Christus dem Auferstehenden.
Das ist die verwandelnde Kraft der Liebe.

Und der Friede Gottes, der höher ist als all unsere Vernunft, bewahre darum unsere Herzen und Sinne in Christus, Jesus. Amen.

Ostersonntag; Predigttext: 1. Korinther 15, 1-11

Liebe Gemeinde,

„Frohe Ostern!“ – so klingt es uns in diesen Tagen aus allen Ecken entgegen. Nicht nur mit Worten, sondern auch mit österlich geschmückten Sträuchern und Hasen mit Osternestern in Vorgärten und mancherlei mehr. Ich habe hie und da mal Menschen gefragt: „Warum macht ihr das eigentlich? Was feiert ihr an Ostern?“ – und habe ganz unterschiedliche Antworten bekommen: „Wir freuen uns, dass es endlich Frühling ist, nach diesem langen Winter.“

Manche sprachen von „der Sehnsucht nach neuem Leben, nach Neuanfang – äußerlich und innerlich“.

Andere sind mir eine Antwort schuldig geblieben. Sie wissen nicht, warum Ostern gefeiert wird. Dass Ostern ein christliches Fest, und wie Weihnachten für Christen einer der Höhepunkte im Jahr ist. Dass Christen an Ostern die Auferstehung Jesu Christi feiern. Sie wissen es nicht, weil es ihnen vielleicht auch noch nie jemand erzählt hat. Was Ostern bedeutet, dazu braucht es auch dieser Tage Zeugen. Menschen, die es anderen weitererzählen. So wie damals. Ich lese dazu den heutigen Predigttext aus dem 1. Brief des Apostels Paulus an die Gemeinde in Korinth (1. Kor 15, 1-11):

Ich erinnere euch aber, liebe Brüder, an das Evangelium, das ich euch verkündigt habe, das ihr auch angenommen habt, in dem ihr auch fest steht,

durch das ihr auch selig werdet, wenn ihr's festhaltet in der Gestalt, in der ich es euch verkündigt habe; es sei denn, dass ihr umsonst gläubig geworden wärt.

Denn als Erstes habe ich euch weitergegeben, was ich auch empfangen habe: Dass Christus gestorben ist für unsre Sünden nach der Schrift;

und dass er begraben worden ist; und dass er auferstanden ist am dritten Tage nach der Schrift;

und dass er gesehen worden ist von Kephas, danach von den Zwölfen.

Danach ist er gesehen worden von mehr als fünfhundert Brüdern auf einmal, von denen die meisten noch heute leben, einige aber sind entschlafen.

Danach ist er gesehen worden von Jakobus, danach von allen Aposteln.

Zuletzt von allen ist er auch von mir als einer unzeitigen Geburt gesehen worden.

Denn ich bin der geringste unter den Aposteln, der ich nicht wert bin, dass ich ein Apostel heiße, weil ich die Gemeinde Gottes verfolgt habe.

Aber durch Gottes Gnade bin ich, was ich bin. Und seine Gnade an mir ist nicht vergeblich gewesen, sondern ich habe viel mehr gearbeitet als sie alle; nicht aber ich, sondern Gottes Gnade, die mit mir ist.

Es sei nun ich oder jene: so predigen wir und so habt ihr geglaubt.

Herr, segne du Reden und Hören durch deinen Heiligen Geist. Amen.

Liebe Gemeinde,
schon 20 Jahre nach dem Tod Jesu gibt es in der Hafenstadt Korinth in Griechenland eine kleine christliche Gemeinde. Der Apostel Paulus hat sie in den Jahren 50/51 gegründet und etwa eineinhalb Jahre dort missioniert. Dann glaubte er, die Gemeinde mit gutem Gewissen sich selber überlassen zu können. Aber kaum ist er weg, brechen in der Gemeinde Streitigkeiten über die Grundlagen christlichen Glaubens auf. Einige sagen nämlich, dass es keine Auferstehung der Toten gibt. Paulus ist einigermaßen irritiert. Für ihn steht der Kern des Glaubens zur Debatte und so schreibt er ihnen einen langen Brief. Er versucht, Anders-denkende mit Argumenten zu überzeugen. Das ganze 15. Kapitel des 1. Korintherbriefes ist ein einziges Zeugnis solcher Argumentationsarbeit. Paulus beginnt damit, dass er die Korinther an das erinnert, was er ihnen als wesentlichen Inhalt christlichen Glaubens vermittelt hatte: *„Ich erinnere euch aber, liebe Brüder, an das Evangelium, das ich euch verkündigt habe. Ihr habt es angenommen; es ist der Grund, auf dem ihr steht..." „Dass Christus gestorben ist für unsere Sünden nach der Schrift; und dass er begraben worden ist;* und dass er auferstanden ist am dritten Tage nach der Schrift; und dass er gesehen worden ist von Kephas, danach von den Zwölfen." (mit Kephas ist Petrus gemeint.) *Gestorben, begraben, auferstanden, gesehen* worden– so lautet das das älteste christliche Glaubensbekenntnis, das wir überhaupt kennen, Es ist wesentlich älter als der 1. Korintherbrief. Paulus hat diese Worte aus der Tradition übernommen und in seinen Brief eingebaut. Interessant und beachtenswert sind die Worte, mit denen Paulus es einführt: *„Denn ich habe euch weitergegeben, was ich auch empfangen habe."*
So und nur so, durch die Weitergabe von überlieferten Texten hat uns alle, die wir heute hier in diesem Ostergottesdienst versammelt sind, der christliche Glaube erreicht. Weil es vor uns durch die Jahrhunderte hindurch Christen gab, die weitergegeben haben, was sie auch empfangen haben. Darum hatten auch wir eine Chance, Christen zu werden. Zudem nennt der Apostel in seinem Brief auch zahlreiche Zeugen der Auferstehung. Er strengt sich wirklich an. Er zieht alle Register der Beweisführung: Wenn das mit Jesu Auferstehung nicht stimmte, dann wäret ihr ja umsonst gläubig geworden. Aber so viele haben ihn doch gesehen: Und dann kommt die Aufzählung, von wem er alles gesehen worden ist: *„...von Kephas, danach von den Zwölfen. Danach ist er gesehen worden von*

mehr als fünfhundert Brüdern auf einmal. Danach ist er gesehen worden von Jakobus, danach von allen Aposteln. Zuletzt von allen ist er auch von mir, Paulus, gesehen worden..." Wie **Jesus** auferstanden ist, wird nicht gesagt. Das bleibt Gottes Geheimnis. Aber dass er auferstanden ist, das wird bezeugt.

Heute feiern wir Ostern, weil Menschen wie Paulus und die genannten Zeugen, ihren Glauben mündlich oder schriftlich weitergegeben haben. Zu beweisen ist die Auferstehung Jesu nicht. Sie erschließt sich nur dem Glaubenden, dem, der sich darauf einlässt, dass es eine Wirklichkeit außerhalb unseres menschlichen Denkens und Forschens gibt.

Stellen Sie sich vor, Sie lieben Ihren Mann / Ihre Frau und wollten diesem Menschen beweisen, dass Ihr Herz in Liebe für ihn schlägt, dann würde sich dieser Liebesbeweis vielleicht so anhören: Du weißt doch, dass ich dich vor Jahren aus Liebe geheiratet habe! Wäre ich sonst mit dir vor den Altar getreten? Und erinnere dich doch, wie viele Menschen dabei waren: Deine und meine Eltern, unsere beiden Trauzeugen, all unsere Verwandten, Freunde und Bekannten. Die wissen doch alle, dass ich dich liebe. – So, wissen sie's wirklich?

Und bei der Hoffnung ist das ganz ähnlich, die gehört ja auch als die dritte zum Glauben und zur Liebe. Wollten wir beweisen, was wir hoffen, dann würden wir vielleicht so sprechen: Sicherlich gibt es ein Leben nach dem Tod. Wie viele Christen aller Zeiten sind doch davon ausgegangen und haben darauf gewartet, dass noch etwas kommt. Und der Pfarrer, der mich damals konfirmiert hat, hat im Konfiunterricht auch gesagt, dass wir Gottes Kinder sind und nach dem Tod nicht alles zu Ende ist. Ob einer, dem wir das so sagen, nun wirklich hoffen kann, dass dieses manchmal doch so schwere Leben nicht alles ist, was Gott uns schenken will? Was muss dazukommen, außer den sicher gut gemeinten Versuchen, etwas zu beweisen, dass einer zum Glauben an die Auferstehung kommt, zur Gewissheit meiner Liebe und zur festen Zuversicht der Hoffnung? Die Zahl der Zeugen macht's sicher nicht. Es kann auch ein einziger Zeuge / eine einzige Zeugin genügen, um uns mit Leib und Seele und ganzem Herzen zu Jesus Christus, dem Auferstandenen, zu ziehen. Bei mir war das z. B. meine Oma, die durchdrungen war von ihrem Glauben. Ich habe nie daran gezweifelt, dass sie mit Jesus lebte, dass sie wusste, dass er immer in ihrer Nähe ist und dass sie mit ihm an ihrer Seite durch ihre Tage ging. Bei anderen Menschen ist das vielleicht die Mutter gewesen, die am Abend mit ihnen am Bett gesessen und gebetet hat. Wieder andere haben einen solchen Glaubenszeugen vielleicht in einem Freund oder einem Lehrer erlebt. Es gibt Menschen, die ausstrahlen, dass sie Christ sind. Diese Freude über ihren Glauben ist in ihren Augen zu sehen, wie sie glänzen und leuchten, wenn sie davon erzählen. Und wenn sie nicht nur mit den Lippen, sondern auch mit dem Herzen bekennen: „Ich glaube, dass Jesus auferstanden ist!" – dann ist zu spüren, wie vertraut sie mit diesem Jesus sind, weil er eben heute bei ihnen ist und sie mit ihm reden und ihr Leben von ihm bestimmen lassen. *„Denn wenn du mit deinem Munde bekennst, dass Jesus der Herr ist, und in deinem Herzen glaubst, dass ihn Gott von den Toten auferweckt hat, so wirst du gerettet,"* schreibt Paulus in seinem Brief an die Römer (Römer 10, 9). Unser Glaube an die

Auferstehung Jesu soll heute unser Leben gestalten. Darum kann unser Glaube auch nur heute angesprochen werden und entstehen. Dazu braucht es Zeugen – in diesen Tagen. Menschen, die ergriffen sind vom Glauben und sich nicht scheuen, davon zu reden. Ja, es gibt diese Menschen, wie es die Frauen und Männer gibt, die ihren Partner/ihre Partnerin mit ihrem ganzen Wesen sagen, dass sie voll Liebe für sie sind. Wie es Christen gibt, die von der tiefen Hoffnung beseelt sind, dass der Tod nur ein Übergang, ja, eigentlich der Beginn des wahren Lebens ist. So kann nur der Glaube selbst wieder Glauben bei anderen wecken. Und nur weil es bis heute vom Glauben an Jesu Auferstehung überzeugte Menschen gibt, ist die Kette noch nicht abgerissen und wird in Zukunft auch nicht abreißen.

Ich persönlich für mich weiß, dass Jesus auferstanden ist. Dass er mein Leben verändert hat und er immer bei mir ist. Das habe ich empfangen und das gebe ich Ihnen heute, hier in diesem Gottesdienst weiter:

Christus ist auferstanden!

Er ist wahrhaftig auferstanden!

Amen.

Quasimodogeniti; Predigttext: 1. Petrus 1, 3-9

Quasimodogeniti – so heißt der heutige 1. Sonntag nach Ostern. Der Name hat nichts mit dem Glöckner von Notre Dame zu tun, sondern heißt übersetzt: „Wie die neugeborenen Kindlein".
An Ostern feiern wir die Auferstehung Jesu Christi und damit den Beginn unseres christlichen Glaubens. Und wenn ein Mensch an den auferstandenen Christus glaubt, dann fängt in dessen Leben auch etwas ganz Neues an. Dann ist das wie eine neue Geburt. Aber was macht dieses neue Leben aus? Was ist das Besondere daran? Aufschluss darüber gibt uns der heutige Predigttext. Er steht im 1. Petrusbrief im 1. Kapitel (3-9):

Gelobt sei Gott, der Vater unseres Herrn Jesus Christus, der uns nach seiner großen Barmherzigkeit wiedergeboren hat zu einer lebendigen Hoffnung durch die Auferstehung Jesu Christi von den Toten,
zu einem unvergänglichen und unbefleckten und unverwelklichen Erbe, das aufbewahrt wird im Himmel für euch,
die ihr aus Gottes Macht durch den Glauben bewahrt werdet zur Seligkeit, die bereit ist, dass sie offenbar werde zu der letzten Zeit.
Dann werdet ihr euch freuen, die ihr jetzt eine kleine Zeit, wenn es sein soll, traurig seid in mancherlei Anfechtungen,
damit euer Glaube als echt und viel kostbarer befunden werde als das vergängliche Gold, das durchs Feuer geläutert wird, zu Lob, Preis und Ehre, wenn offenbart wird Jesus Christus.
Ihn habt ihr nicht gesehen und habt ihn doch lieb; und nun glaubt ihr an ihn, obwohl ihr ihn nicht seht; ihr werdet euch aber freuen mit unaussprechlicher und herrlicher Freude,
wenn ihr das Ziel eures Glaubens erlangt, nämlich der Seelen Seligkeit.

Herr, segne du Reden und Hören und danach unser Tun und Lassen. Amen.

Liebe Gemeinde,
ein uns unbekannter Mensch schreibt unter dem Namen *Petrus* diesen Brief. Er ist ein Schreiben an eine von Paulus gegründete Gemeinde in Kleinasien. In diesen Versen wird sehr gut zusammengefasst, was es bedeutet, Christ zu sein und was ein Leben als Christ eigentlich ausmacht. Als Christen sind wir *„wiedergeboren zu einer lebendigen Hoffnung durch die Auferstehung Jesu Christi von den Toten". Wiedergeboren* – das hat nichts mit der Wiedergeburt, der sogenannten *Reinkarnation*, in der hinduistischen Religion zu tun! Reinkarnation bedeutet, dass jemand sein

Leben hier auf dieser Erde lebt, dass er dann stirbt, und dass er irgendwann danach als ein neues Wesen aus Fleisch und Blut wieder zur Welt kommt. Als was genau, das richtet sich danach, wie diese Person gelebt hat. Wenn es ein gutes Leben war, gelangt man auf eine höhere Stufe, wenn jemand dagegen sehr niederträchtig war, dann kann es sein, dass er sein nächstes Leben zum Beispiel als Schwein fristen muss. Das ist in groben Worten die hinduistische Reinkarnationslehre. Davon jedoch ist im Neuen Testament nirgendwo die Rede! Wiedergeburt im Neuen Testament - das ist kein fleischlicher, sondern ein geistlicher Vorgang. Gottes Geist kommt in einen Menschen und bewirkt, dass dieser Mensch glauben kann. Vielleicht wollte ein solcher Mensch vorher überhaupt nichts von Gott wissen und hat immer nur über den Glauben gespottet. Vielleicht hat er es sich auch von Herzen gewünscht, endlich glauben zu können, aber es ging einfach nicht. Und irgendwann merkt dieser Mensch, dass sich da in seinem Inneren etwas verändert hat. Dass er sein Leben ab sofort im Vertrauen auf Gott leben kann. Vielleicht ist der Auslöser zu dieser neuen Geburt, eine mitreißende Predigt gewesen. Oder eine bestimmte Erfahrung und plötzlich machte es „klick" und er ist zum gläubigen Christ geworden. Andererseits wachsen viele Menschen auch ganz allmählich in den Glauben hinein, indem sie ihn in der Familie vorgelebt bekommen. Oft finden Menschen durch gute Kontakte zu anderen Christen zum Glauben: sei es im Freundeskreis, in christlichen Gruppen wie einem Jugendkreis, einem Hauskreis oder in anderen Veranstaltungen der Gemeinde. Ob plötzliches Belehrungserleben oder langsames Hineinwachsen in den Glauben: Immer geht es um eine neue / andere Perspektive. Sowohl für unser Leben jetzt hier auf Erden als auch darüber hinaus. Es ist tatsächlich ein ganz neues Leben, das uns von Gott geschenkt wird. Dadurch verändert sich einiges: Die Sicht auf die Dinge der Welt z. B.: Wie unbedeutend wird es plötzlich sein, wie viel Güter und Geld wir in unserem irdischen Leben zusammengetragen haben. Natürlich brauchen wir diese Dinge auch, um hier überleben zu können, aber mit Maß und Ziel. Keiner von uns kann von alledem etwas mitnehmen. Der Glaube an die Auferstehung weitet den Blick über dieses Leben hinaus. Aus dieser neuen Sicht zu den Dingen wird die Bereitschaft zum Teilen erwachsen. Teilen der Güter mit denen, die in unserer Welt zu kurz gekommen sind.

Weiterhin wird auch das Verhältnis zu uns selber ein anderes werden. Wir werden uns selber nicht mehr so wichtig nehmen, müssen nicht mehr um die Gunst und Anerkennung der anderen kämpfen. Das ist gar nicht mehr nötig, weil wir doch schon ein unvergängliches, ewiges Ansehen bei unserem himmlischen Vater haben. Verändern wird sich auch die Beziehung zu anderen Menschen. Wo wir vorher vielleicht neidisch auf andere geschaut haben, was die alles haben oder können, wird beiseite treten. Wir können uns daran freuen, was ihnen gehört. Gottes gnädige Gerechtigkeit macht uns alle zu seinen Erben und seinen Kindern, die schon hier wie Geschwister zusammenleben dürfen.

Weiter heißt es in unserem Brief:

„Wiedergeboren zu einer lebendigen Hoffnung" - der Name unserer Hoffnung, unserer lebendigen Hoffnung, ist Jesus Christus. Und der feste Grund für unsere Hoffnung ist die frohe Botschaft, dass er von den Toten auferstanden ist. Jesus lebt – deshalb ist auch unsere Hoffnung „lebendig". – Hoffnung – das ist ja etwas, das ein Mensch braucht, um einigermaßen glücklich leben zu können. Es ist eine Art positive Erwartung an das Leben, dass es lebenswert und gut wird. „Die Hoffnung stirbt zuletzt" – heißt es im Volksmund. Das bedeutet, dass auch in schwierigen Lebenslagen noch etwas wie ein Urvertrauen da ist, dass es irgendwie weiter geht, dass sich alles zum Guten wendet. Unser Leben hier in dieser Welt ist eine *Probe-* oder *Bewährungszeit.* Wir werden von den Leiden des Lebens nicht verschont, es ist nicht immer leicht und unbeschwert. Auch als Christen werden wir krank oder können Unfälle erleiden, unseren Arbeitsplatz oder einen lieben Menschen verlieren. Es kann sogar passieren, dass wir Nachteile in Kauf nehmen müssen, wenn wir konsequent in der Nachfolge Jesu leben. Jesus selbst hat gesagt, dass es kein Zuckerschlecken ist, ihm nachzufolgen.
Der Verfasser des Briefes schreibt ganz offen: *„...ihr werdet traurig sein in mancherlei Anfechtungen".* Das gilt auch für uns, dass wir durch alle möglichen Prüfungen gehen müssen. Da geht es uns Christen nicht anders als den Menschen, die von Jesus nichts wissen wollen. Einen Unterschied gibt es allerdings doch: Als Christen können wir diese Dinge unter einem ganz anderen Blickwinkel betrachten. Der Briefschreiber ist der Ansicht, dass diese Prüfungen der Bewährung unseres Glaubens dienen. Vielleicht hat er selber diese Erfahrung gemacht. Denn wenn immer alles glatt läuft und gut geht ist das Gottvertrauen ja keine große Kunst. Tut's das aber nicht, dann erst kann sich zeigen, ob wir nach vorne blicken und darauf vertrauen, dass Er dennoch alles im Griff hat, oder ob uns der Glaube abhanden kommt. Natürlich nehmen uns auch als gläubige Menschen Niederlagen und Schicksalsschläge mit. Wir dürfen und sollen als Christen hadern und zweifeln, es auch nach außen zeigen, dass wir leiden und dürfen dies auch Gott klagen. Aber als Christen haben wir einen guten Grund, nicht dabei stehen zu bleiben. Gerade in schwierigen Zeiten sind wir von Gott nicht verlassen. Er ist immer bei uns, steht uns zur Seite – auch wenn wir's manchmal vielleicht nicht merken. *Diesen Glauben dürfen wir auch haben im Blick auf das, was über unser irdisches Leben hinaus gilt.*

Weiter heißt es in dem Brief: *„Hoffnung - zu einem unvergänglichen und unbefleckten und unverwelklichen Erbe, das aufbewahrt wird im Himmel für euch...*nämlich *der Seelen Seligkeit"*
Ein schöner Gedanke, der uns trösten und ermuntern will. Es gibt bei Gott – „im Himmel" – einen sicheren Ort, an dem unser Erbe, die *Seligkeit unserer Seele*, schon für uns bereit liegt.
„Erbe" – das klingt auf den ersten Blick ja eigentlich nicht schlecht. Es hat jedoch den unschönen Beigeschmack, dass dafür normalerweise zuvor jemand stirbt. Und das ist ein trauriger Anlass, insbesondere dann, wenn es sich um einen nahen Angehörigen handelt. Mancherorts wird sich dann

auch noch um das Erbe gestritten. Plötzlich tauchen Menschen aus der Familie auf, die den Kontakt - aus welchen Gründen auch immer - abgebrochen haben oder das Verhältnis untereinander alles andere als herzlich war. Jetzt gibt's etwas zu erben und schon sind sie da. Bei diesem Erbe geht es nur ums Geld und um materielle Dinge, nicht um das Andenken des Verstorbenen. Wovon der Petrusbrief schreibt, geht es um ein ganz anderes Erbe: Als Christen sind wir von Gott als Erben eingesetzt. Und zwar zu einem ganz außergewöhnlichen Erbe: *Zur Seelen-Seligkeit.* Dass Menschen seelisch im Gleichgewicht sind, wissen wo sie hingehören. Dass sie sich getröstet und bewahrt fühlen. Niemand muss dafür mehr sterben, denn Jesus Christus ist bereits dafür gestorben. Durch seinen Tod hat er uns dieses Erbe erworben, und zwar ein- für allemal. Dieses Erbe ist unvergänglich. Wir werden es für immer behalten und niemals aufbrauchen können. Es ist absolut krisensicher und dieses Erbe kann uns nicht verloren gehen. Seit unserer neuen Geburt, seit dem Beginn unseres Glaubens also, sind wir fest als Erben eingesetzt, und Gott bewahrt unser Erbteil sicher für uns auf. Der einzige Nachteil: Wir können es nicht sofort antreten, sondern wir müssen noch ein wenig warten, bis wir dort sind. Wie dieses Erbe – *„der Seelen-Seligkeit"* - dann wohl aussehen wird? – Die Bibel gibt Aufschluss darüber: Der Psalmist sagt, dass wir *„an einem gedeckten Tisch sitzen werden*". In der Offenbarung des Johannes heißt es, *„dort werden dann alle Mühen und alle Leiden vergessen sein..."* und der Prophet Jesaja betont: *„...ewige Freude wird über euren Häuptern sein; Freude und Wonne werden euch ergreifen und Schmerz und Seufzen wird entfliehen."* Darum: "*Gelobt sei Gott, der Vater unseres Herrn Jesus Christus, der uns nach seiner großen Barmherzigkeit wiedergeboren hat zu einer lebendigen Hoffnung durch die Auferstehung Jesu Christi von den Toten.*"

Amen.

Christi Himmelfahrt; Predigttext: Apg 1, 3-11

„Am Donnerstag ist Himmelfahrt!", sagt der Pfarrer zum Abschluss seines Gesprächs mit dem Landwirt und hofft, ihn Dank dieses kleinen Winks mit dem Zaunpfahl, im Gottesdienst wiederzusehen. „Himmelfahrt?!", antwortet der Bauer, „Herr Pfarrer, ich muss meine Viecher versorgen. Tut mir leid, ich fahr nicht mit!"
„Tut mir leid, ich fahr nicht mit!" – Himmelfahrt ist ja nun keine kirchliche Bezeichnung für eine Tagesfahrt mit der Gemeinde. Und doch gilt für viele: „Ich fahr nicht mit!" – Es fällt manchem schwer, an diesem Tag innerlich mitzugehen: Was soll das Reden von „Himmelfahrt"?
Was soll man damit anfangen? Nicht umsonst redet man eher vom „Vatertag": Das ist greifbar. Da gibt es Rituale, die man nachvollziehen kann. Leider manchmal im wörtlichen Sinn: Da ziehen Männer (aber auch solche, die's noch werden wollen...) – **voll** durch die Gegend und kommen himmelblau nach Hause. Da wäre es oft angebracht, wenn man sagen würde: „Tut mir leid, ich fahr nicht mit!" Himmelfahrt ist ein kirchlicher Feiertag. Jesus Christus kehrt zu Gott zurück. Der Himmel ist ein Sinnbild für Gottes unsichtbare Wirklichkeit. Die Gottesdienste im Grünen, die heute mancherorts gefeiert werden, und in der Kirche erinnern daran. Vielleicht blickt die eine oder der andere heute tatsächlich zum Himmel, sieht den Wolken nach und genießt die Weite. Für die einen wirkt das beruhigend und entspannend, die anderen empfinden Freiheit und Leichtigkeit und haben den Eindruck, der Himmel öffnet sich und eine andere Welt wird sichtbar. Vielleicht ist es die Sehnsucht danach, dass sich der Himmel öffnet und damit Einblick und Zugang zu haben zu der Herrlichkeit des Reiches Gottes. All unsere Fantasie reicht nicht aus, sich auszumalen, wie schön es sein muss, wenn der Himmel bzw. die Tore zum Himmel weit geöffnet wären. Der Blick wird weit und geht über das Alltägliche hinaus. Auch Christi Himmelfahrt weitet den Blick. Jesus Christus kehrt zurück zu Gott – und ist uns doch weiter nahe.

Ich lese dazu den heutigen Predigttext aus der Apostelgeschichte (1, 3-11):

Ihnen zeigte er sich nach seinem Leiden durch viele Beweise als der Lebendige und ließ sich sehen unter ihnen vierzig Tage lang und redete mit ihnen vom Reich Gottes.
Und als er mit ihnen zusammen war, befahl er ihnen, Jerusalem nicht zu verlassen, sondern zu warten auf die Verheißung des Vaters, die ihr, so sprach er, von mir gehört habt;
denn Johannes hat mit Wasser getauft, ihr aber sollt mit dem Heiligen Geist getauft werden nicht lange nach diesen Tagen.
Die nun zusammengekommen waren, fragten ihn und sprachen: Herr, wirst du in dieser Zeit wieder aufrichten das Reich für Israel?

Er sprach aber zu ihnen: Es gebührt euch nicht, Zeit oder Stunde zu wissen, die der Vater in seiner Macht bestimmt hat;
aber ihr werdet die Kraft des Heiligen Geistes empfangen, der auf euch kommen wird, und werdet meine Zeugen sein in Jerusalem und in ganz Judäa und Samarien und bis an das Ende der Erde.
Und als er das gesagt hatte, wurde er zusehends aufgehoben, und eine Wolke nahm ihn auf vor ihren Augen weg.
Und als sie ihm nachsahen, wie er gen Himmel fuhr, siehe, da standen bei ihnen zwei Männer in weißen Gewändern.
Die sagten: Ihr Männer von Galiläa, was steht ihr da und seht zum Himmel? Dieser Jesus, der von euch weg gen Himmel aufgenommen wurde, wird so wiederkommen, wie ihr ihn habt gen Himmel fahren sehen.

Gott, öffne uns die Ohren und das Herz, dass wir dein Wort hören in den menschlichen Worten, die dich bezeugen. Amen.

Liebe Gemeinde,
an Himmelfahrt befinden wir uns in der Geschichte Gottes mit uns Menschen an einem Übergangspunkt. Die Geschichte Jesu hier auf unserer Erde findet ihren Abschluss, etwas Neues beginnt. Und zwar die Geschichte der Jünger Jesu und dessen, was sie aus ihren Erfahrungen mit Jesus machen. Dieser Übergang ist nicht so einfach, denn die Jünger müssen Jesus zurücklassen. Sie müssen Abschied nehmen und ihre Trauer über den Verlust Jesu abschließen, um nun neue Wege zu gehen, um einen neuen Aufbruch in die Welt zu wagen.
Sie sind ohne Halt, ohne Trost und Orientierung. Ihre erste Frage ist nicht: Wie geht die „Sache Jesu" weiter, sondern: wer begleitet uns, wer tröstet uns und wer ermutigt uns? Ja, es sind Menschen im Übergang in der Krise. Die Ratlosigkeit und Hilflosigkeit der Jünger können wir wohl nachvollziehen. Auf unserer Lebensreise müssen wir Altes zurücklassen, eine neue Lebensphase beginnen. Dabei wirkt natürlich das Alte und die alten Erfahrungen weiter. Aber wir müssen doch neu aufbrechen und uns einen Weg ins Unbekannte bahnen. Das beginnt schon ganz früh: Ich denke da z. B. an die Kinder in der vierten Klasse. Nach den Sommerferien müssen sie die Grundschule hinter sich lassen und in der neuen Schule neuen Anforderungen gerecht werden, neue Freunde suchen. Sicherlich ist da ein Kribbeln im Bauch, etwas Angst und natürlich auch ganz viel Vorfreude auf die neue Schule. Ich denke auch an die Eltern, deren letztes Kind gerade den Haushalt verlassen hat. Sicher werden sie immer Eltern bleiben und die Kinder werden immer einmal wieder zu Besuch kommen und sonst auch noch Unterstützung brauchen und eines Tages vielleicht Enkel herbeischaffen. Aber trotzdem beginnt jetzt ein neues Leben. Die beiden müssen

neu lernen als Paar miteinander auszukommen – ohne die Kinder dazwischen. Sie müssen sich gemeinsame Aktivitäten ausdenken, sich vielleicht auch wieder neu kennen lernen. Ein spannender Übergang, in dem sie Altes loslassen müssen, um Neues beginnen zu können. Ich denke auch an diejenigen, die gerade pensioniert worden sind. Die Last der Arbeit fällt von ihnen ab. Aber nicht nur die Last, auch die Anerkennung und Erfüllung, die mit der Arbeit verbunden war, ist plötzlich weg. Es ist nun Zeit zu reisen, und das zu tun, was man immer bis auf die Zeit der Rente verschoben hat. Aber spielt die Gesundheit noch mit? Und wie reagiert die Partnerin / der Partner auf die neue Situation? Ich denke auch noch an etwas anderes, wo wir loslassen müssen. Wenn wir von einem Menschen Abschied nehmen müssen, der zur Geschichte des eigenen Lebens untrennbar dazugehört, dann lautet die erste Frage: Wie wird das Leben ohne ihn weitergehen? Ja, die Aufbrüche ins Neue enthalten immer auch ein Fragezeichen. Immer etwas Angst, was da wohl auf einen zukommt. Etwas festhalten wollen am Alten, aber auch die Lust einen neuen Freiraum zu nutzen, etwas zu gestalten, eine Station weiter zu gehen auf der Lebensreise. Dabei können wir uns von der Himmelfahrtsgeschichte ermutigen lassen, ruhig und voller Vertrauen aufzubrechen. Denn wir gehen nicht in eine dunkle Zukunft voller Zerstörung und Verzweiflung, sondern wir folgen auf unserem Lebensweg einem, der uns vorangegangen ist, und zwar voran Richtung Himmel. Jesus ist für die Jünger damals sichtbar zu Gott gegangen und auch für uns gilt die Verheißung, dass wir auf dem Weg zu Gott sind. Wenn wir vertrauensvoll und mutig vorangehen, und versuchen, den neuen Phasen in unserem Leben Gutes abzugewinnen, dann werden wir sehen, wie Gott uns dabei begleitet.

In der Himmelfahrtsgeschichte heißt es:
„Und ihr werdet die Kraft des Heiligen Geistes empfangen, der auf euch zukommen wird, und werdet meine Zeugen sein bis an das Ende der Erde."

Das sind die letzten Worte Jesu an seine Jünger. Danach wird er in einer Wolke aufgehoben. Zurück bleiben Menschen, die sprachlos in den Himmel starren. Zwei weiß gekleidete Männer sind nötig, damit sie aus ihrer Erstarrung erwachen. Die Frage der Gottesboten hat fast schon einen Hauch von Komik: *„Ihr Männer von Galiläa, was steht ihr da herum und starrt sinnlos Löcher in den Himmel?"* Die Jünger sind so verwirrt, dass die beiden Männer sie erinnern müssen: *„Dieser Jesus wird auf dieselbe Weise wiederkommen, wie ihr ihn habt weggehen sehen!"* Jesus bleibt der Erde also treu. Er sendet seinen Geist, und er wird zurückkehren.

Wir wissen, wie die Geschichte weitergeht. Die Jünger empfangen den Heiligen Geist, gewinnen Menschen für Christus und gründen die ersten Gemeinden. Sie begreifen allmählich: In Jesus Christus berühren sich Himmel und Erde – das Reich Gottes und unsere irdische Wirklichkeit. Allen, die an ihn glauben, steht der Himmel offen. Er ist zu Gott zurückgekehrt, aber durch den

Heiligen Geist bei ihnen. Diese Kraft des Heiligen Geistes kommt von Gott auch auf uns zu, begleitet uns und stößt uns zum Glauben an. Sie hilft uns die neuen

Herausforderungen unseres Lebens zu bewältigen, uns auch einmal einen Schritt vorzuwagen und etwas Neues auszuprobieren. Gestärkt durch die Kraft des Heiligen Geistes schaffen wir die nächsten Schritte auf unserem Lebensweg Richtung Himmel.

Himmelfahrt: Gottesdienste, Vatertagstouren, Familienausflüge, Auftakt für ein langes Wochenende. Was immer Sie heute und während der nächsten Tage vorhaben: Vielleicht finden Sie neben all dem auch die Muße, sich neu auf die Wirklichkeit Gottes zu besinnen. Vielleicht entdecken Sie sogar, wie ein Stück Himmel auch in Ihrem Leben greifbar wird. In diesem Sinne wünsche ich Ihnen, und uns allen: gute Himmelfahrten. Die Kraft des Heiligen Geistes möge uns dabei begleiten und stärken.

Amen.

Pfingstmontag; Predigttext: 1. Korinther 12, 4-11

Der Predigttext für den Pfingstmontag steht im ersten Brief des Paulus an die Korinther, im 12. Kapitel (4-11):

Es sind verschiedene Gaben; aber es ist "ein" Geist.
Und es sind verschiedene Ämter; aber es ist "ein" Herr.
Und es sind verschiedene Kräfte; aber es ist "ein" Gott, der da wirkt alles in allen.
In einem jeden offenbart sich der Geist zum Nutzen aller;
dem einen wird durch den Geist gegeben, von der Weisheit zu reden; dem andern wird gegeben, von der Erkenntnis zu reden, nach demselben Geist;
einem andern Glaube, in demselben Geist; einem andern die Gabe, gesund zu machen, in dem "einen" Geist;
einem andern die Kraft, Wunder zu tun; einem andern prophetische Rede; einem andern die Gabe, die Geister zu unterscheiden; einem andern mancherlei Zungenrede; einem andern die Gabe, sie auszulegen.
Dies alles aber wirkt derselbe "eine" Geist und teilt einem jeden das Seine zu, wie er will.

Gott, gib uns deinen Heiligen Geist, damit wir dich hören und verstehen. Amen.

Liebe Gemeinde,
„Es sind verschiedene Gaben, aber es ist ein Geist..." Genau so ist es! Wer will da widersprechen? - Gottes Geist schenkt viele unterschiedliche Gaben. – Jeder kann etwas – keiner kann nichts. – Alle diese Gaben sind wichtig, werden gebraucht. Gerade innerhalb einer Gemeinde. Dabei geht es allerdings nicht immer neidlos ab. Ich finde es beinahe tröstlich zu lesen, dass die junge Gemeinde in Korinth, an die der Apostel Paulus seine beiden Briefe schreibt, es auch nicht leicht miteinander gehabt zu haben scheint. Es muss dort einen regelrechten „Gabenwettstreit" gegeben haben. Es sieht so aus, als hätte jeder beweisen wollen, dass in ihm und durch ihn der Geist nun ganz besonders stark wirkt. Darüber scheint in dieser Gemeinde das geschwisterliche Miteinander gelitten zu haben. Das ist jedenfalls aus den eindringlichen Ermahnungen zur Einheit zu schließen, die wir besonders in den Korinther-Briefen finden. In diesem Zusammenhang steht auch die Rede über die verschiedenen Gaben. Schauen wir einmal hin, was Paulus über die Gaben sagt – vielleicht wirft das auch ein Licht auf unsere eigene Gemeinde. Zuallererst sagt er: alle Gaben sind gleichwertig! Einige Kapitel vor unserem Predigttext drückt Paulus es in erfrischender Offenheit

aus: *„Ich wollte zwar lieber, alle Menschen wären, wie ich bin, aber jeder hat seine eigene Gabe von Gott, der eine so, der andere so.“ (1. Kor 7,7)*

Das besagt doch: Du bist nicht, wie ich dich haben will. Du musst es auch nicht sein. Denn du bist, wie Gott dich gemacht hat. Du bist, was du bist, durch das, was Gott dir geschenkt oder auferlegt hat. Wer bin ich, zu bestimmen, wie Gott dich hätte machen sollen? Genau genommen sagt Paulus damit: Der Andere ist ja im Grunde nicht anders als ich – und genau deshalb ganz anders als ich. Und gerade deshalb sind wir und unsere Gaben, die wir erhalten haben, gleichwertig.

Weiter sagt Paulus:

„In einem jeden offenbart sich der Geist zum Nutzen aller.“ Die Gaben kommen also zusammen. Gott scheint sich etwas dabei gedacht zu haben, als er uns so unterschiedlich gemacht hat. Wie schlimm wäre es, wenn alles von einem Menschen allein abhinge. Dann müsste der Eine ja alles können. Das geht nun auch nicht. Insofern liegt eine große Portion göttlicher Weisheit darin, dass wir so unterschiedlich gemacht sind. Wir müssen es nur so sehen, dass eines das andere nicht ausschließt, sondern sich alles ergänzt. Dass wir die Gaben des Anderen nicht neiden, sondern uns an ihnen freuen und sie als Bereicherung erfahren. Ich möchte dies an einigen Beispielen verdeutlichen:

Es ist doch eine schöne Gabe, wenn sich eine Kirchenvorsteherin so sichtlich leicht damit tut, eine geistliche Ansprache im Konfirmationsgottesdienst an die gerade konfirmierten jungen Leute zu richten.

Es ist doch für alle erbaulich, wenn jemand mit musikalischem Talent im Chor mitsingt.

Wenn die ehrenamtliche Mitarbeiterin, die den sprichwörtlichen „grünen Daumen“ hat den Kirchgarten gestaltet, kann sich die gesamte Gemeinde daran erfreuen.

Und wenn der Pensionär, der sich mit Sachverstand um die Bauangelegenheiten kümmert, der Pfarrerin dadurch den Rücken freihält, profitiert die Gemeinde gleichermaßen davon.

Da braucht doch keiner auf den anderen neidisch zu sein. Und dennoch ist es oftmals so. Bei dem Einen sind solche Neid- und Konkurrenzgedanken schwächer ausgeprägt, ein Anderer hat deswegen große Probleme mit seinem Selbstwertgefühl. Er leidet daran bis hin zu schlaflosen Nächten und Depressionen. Für die schweren Fälle können wir beten und sie dem Heiligen Geist anbefehlen. An den alltäglichen Anflügen von Neid und Konkurrenzdenken können, ja müssen wir sogar arbeiten.

Ist es nicht besser und für den Aufbau der Gemeinde Gottes sinnvoller, wenn jeder sich auf das konzentriert, was er oder sie kann? So wird keine Gabe vergeudet und es entsteht Vielfalt. Dadurch werden viele Menschen angesprochen und viele können sehen und staunen, wie der Geist Gottes unter seinen Leuten wirkt. Und außerdem dient die entstehende Vielfalt auch am Besten der Ehre Gottes.

Und noch etwas wird deutlich: Gott schenkt seine Geistgaben nicht dem Einzelnen allein – Gott hat immer seine Gemeinde im Blick. Wenn jeder nur versucht, seine Fähigkeiten vor die Menschen zu bringen, dass sie ihm Hochachtung zollen und sagen: „Wow, was du alles kannst…!“, dann ist das zwar gut und wichtig für das Selbstwertgefühl, bringt aber die Gemeinde auch nicht weiter. Setzt sich einer allerdings mit seiner Gabe für alle ein, dann gibt er zwar persönliche Anerkennung ab, die Gemeinde aber gewinnt an Ansehen und wirbt so unübersehbar für Gottes gute Sache. – Gaben machen uns gegenseitig reich.

Schließlich ist es bemerkenswert, dass Paulus überhaupt das Wort *Gaben* benutzt, um die Unterschiedlichkeit und Gleichwertigkeit unter den Christen auszudrücken. In seiner Sprache steht dafür das Wort *Charisma*. Das kennen wir auch als Fremdwort in der deutschen Sprache. Landläufig meinen wir damit: Jemand hat eine besondere Ausstrahlung. Er hat *Charisma.*

Das Wort hat in seinem Ursprung eine Doppelbedeutung:

Zum Einen bedeutet es *Gnade.* Wenn Gaben Gnaden-Gaben sind heißt das, sie sind geschenkt – nicht verdient. Jemand, der begabt ist, ist <u>begnadet</u>. Meistens sagen wir das nur von Menschen mit herausstechenden Begabungen: „Sie ist eine begnadete Organistin.“ Oder: „Er ist ein begnadeter Redner.“ Gnade ist aber allen widerfahren, auch wenn manche Talente unauffälliger daher kommen. Jeder Mensch ist ein begnadeter Mensch, wirklich jeder!

Zum Anderen klingt bei diesem Wort auch die andere Bedeutung, nämlich Schönheit und Anmut an. Gaben machen schön. Wer von Gott begnadet ist, ist von ihm her schön gemacht, jeder einzelne von uns.

„Und dies alles wirkt derselbe eine Geist,“ schreibt Paulus weiter.

Im Deutschen haben wir es ein wenig schwer mit dem Wort Geist. Vielleicht denken wir gar an ein <u>*Gespenst*</u> oder ausschließlich an <u>*Verstand*</u>. In den biblischen Sprachen bedeutet Geist aber <u>Atem</u>. *„Als Gott dem ersten Menschen seinen Atem einhauchte, ward der Mensch ein lebendiges Wesen.“* (1. Mose 2,7) Der Geist ist das, was der toten Materie Leben gibt. Geist ist Leben. Gottes Geist wirkt und verleiht uns unsere körperliche und seelische Lebendigkeit. An Pfingsten feiern wir unsere Begeisterung, dass wir alle Anteil haben an diesem einen Geist, mit den Begabungen, die er einem jeden Einzelnen von uns schenkt.

Noch einmal: Jede und jeder hat Begabungen. Sie sind von Gott geschenkt als Wirkung des Geistes Gottes, und sie sollen der Gemeinde nützen. Daran zu erinnern hat gerade heute an Pfingsten sein Recht: An Pfingsten wird das von Jesus angekündigte Kommen des Heiligen Geistes und der Abschluss der Osterzeit gefeiert. Die Pfingsterzählung der Apostelgeschichte (Apg 2, 1-41) gilt als Gründungsbericht der ersten christlichen Gemeinde und somit auch als Ursprung der heutigen Kirche. Die Jünger sahen etwas wie züngelndes Feuer, das sich auf sie niederließ: der Heilige Geist hatte sie erfüllt das heißt, sie erhielten den lebendigen Glauben, dass Gott Jesus von den Toten auferweckt hat, dass Jesus heute lebt und regiert. Der Heilige Geist gab ihnen die Fähigkeit, sich in fremden Sprachen zu verständigen. Sodas aus dem gemeinsamen Verstehen und dem gemeinsamen Glauben eine Gemeinschaft in Christus wurde. Pfingsten ist auch die Erinnerung daran, dass die unterschiedlichen Begabungen, die ein Jeder empfangen hat, nicht nur zum Selbstzweck verliehen wurden, sondern damit ein Dienstauftrag, ein Nutzen für alle verbunden ist. Damit kann Gemeinde erst wirklich entstehen.

Hier in dieser Kirche sitzen lauter einzigartig begabte und begnadete Menschen – und alle vereint durch ein und denselben Geist, der uns zur Familie Gottes macht. Ich wünsche unserer Kirchengemeinde, dass wir dieses Geschenk nutzen. Denn nur so können wir lebendige Gemeinde hier an diesem Ort sein.

Und der Friede Gottes, der höher ist als all unsere Vernunft, bewahre darum unsere Herzen und Sinne in Christus, Jesus. Amen.

11. Sonntag nach Trinitatis; Predigttext: Epheser 2, 4-10

Der heutige Predigttext stammt aus einem Brief an die Gemeinde in Ephesus. Ich lese aus dem 2. Kapitel (4-10):

Unter ihnen haben auch wir alle einst unser Leben geführt in den Begierden unsres Fleisches und taten den Willen des Fleisches und der Sinne und waren Kinder des Zorns von Natur wie auch die andern.
Aber Gott, der reich ist an Barmherzigkeit, hat in seiner großen Liebe, mit der er uns geliebt hat, auch uns, die wir tot waren in den Sünden, mit Christus lebendig gemacht - aus Gnade seid ihr selig geworden -;
und er hat uns mit auferweckt und mit eingesetzt im Himmel in Christus Jesus,
damit er in den kommenden Zeiten erzeige den überschwänglichen Reichtum seiner Gnade durch seine Güte gegen uns in Christus Jesus.
Denn aus Gnade seid ihr selig geworden durch Glauben, und das nicht aus euch: Gottes Gabe ist es,
nicht aus Werken, damit sich nicht jemand rühme.
Denn wir sind sein Werk, geschaffen in Christus Jesus zu guten Werken, die Gott zuvor bereitet hat, dass wir darin wandeln sollen.

Gott, segne du Reden und Hören und dann Tun und Lassen. Amen.

Liebe Gemeinde,
Sie haben sicherlich schon einmal einen Brief geschrieben! Ich meine, so auf die altmodische Art – auf Briefpapier, ins Kuvert gesteckt, Adresse und Marke drauf und ab zur Post. Die Jüngeren unter uns können sich das heute wahrscheinlich gar nicht mehr vorstellen. Da wird schnell 'ne Email getippt oder gesmst und rasend schnell um den ganzen Globus geschickt.
Im 1. Jahrhundert nach Christus wurden aber noch richtige Briefe geschrieben. Briefpapier war damals sehr kostbar. In wenigen Worten sollte alles gesagt sein. Der Glaube will in Worte gefasst werden, um andere Menschen daran teilhaben zu lassen. Und dann kommen solche „Bandwurmsätze" wie in dem gelesen Briefausschnitt an die Gemeinde in Ephesus zustande.
Ich hab mir gedacht: wer so schreibt, dem ist das Herz voll, die Gedanken reich und der Platz knapp. Ephesus war die bedeutendste Stadt im damaligen Kleinasien, in der heutigen Türkei. Wegen seiner Lage war Ephesus ein Knotenpunkt vieler Handelswege, aber auch ein bedeutendes heidnisches religiöses Zentrum mit einem Tempel, der der römischen Göttin Diana geweiht war. In

Ephesus lebten Heiden-Christen und Juden-Christen. Viele Christen führten ein Doppelleben: sie besuchten Gottesdienste, ohne ihre alte gottlose Lebensweise wirklich aufgegeben zu haben. Gerade hier war es nötig, klar zu beschreiben, wie eine echte christliche Glaubensgemeinschaft auszusehen hat: Die wahre Gemeinde ist der Leib Christi, die Gläubigen sind Glieder an dem einen Leib, und Christus ist das Haupt. Ziel des Briefes ist die Betonung der Einheit der Kirche. Schauen wir mal, was in unserem Predigttext im Einzelnen zum Ausdruck gebracht wird:
„Gott hat uns mit Christus lebendig gemacht, mit auferweckt und eingesetzt im Himmel." – Wow! - Was für eine Aussage! Gott hat etwas an uns getan, was voller Kraft, Hoffnung und Zukunft steckt. Das erfreut und ermutigt. Das ist das Grundanliegen des Glaubens, wie ihn der Epheserbrief beschreibt. Gott hat uns unser Leben geschenkt. Unser irdisches Leben ist aber nicht nur erfüllt von Sonnenschein. Nein, da gibt es Zeiten in denen wir Angst haben, bedrückende Erfahrungen sammeln, Fehler machen und Schuld auf uns laden. All das kann das Leben düster machen. Es verstellt den Blick nach vorne, schränkt das mutige Voranschreiten ein und lässt uns manchmal sehr traurig werden. Wir sind wie gelähmt, ja manchmal auch wie tot. Genau so drastisch wird das „alte" Leben in Ephesus beschrieben: Ja, ihr ward tot – tot in euren Gedanken, euren Gefühlen, in dem Leben, das Gott nichts zutraut, sondern nur auf das eigene Dunkel schaut. *„Tot sein in euren Sünden"* – das heißt getrennt von Gott leben. Tot sein ist so trostlos, weil es keine Möglichkeit gibt, aus eigener Kraft wieder lebendig zu werden. Gott könnte sein Herz verschließen, es uns gegenüber hart machen und uns tot sein lassen, das will er aber nicht. Darum hat Er uns seinen Sohn gesandt, um unser Leben zu verändern: Da heißt es weiter: „Aber Gott, der reich ist an Barmherzigkeit, hat in seiner großen Liebe, auch uns, die wir tot waren in den Sünden, mit Christus lebendig gemacht …" Ich denke dabei an Geschichten aus dem Neuen Testament, wo Jesus in das Leben einzelner Menschen eingegriffen hat. Ihre persönlichen Lebensumstände haben sich dadurch grundlegend verändert: Z. B. der Lahme, der eingeschränkt war an Leib und Seele, der nun wieder laufen kann. Der Blinden, der durch ihn neu sehen lernen und einen neuen Blick aufs Leben erhalten hat.–Die Menschen, die ausgestoßen waren und die er in die Gemeinschaft mit Gott zurückgerufen hat. Menschen, die alles hinter sich gelassen haben, um ihm zu folgen. Alles das sind Lebenserfahrungen der Veränderung, die durch Jesus Christus geschehen ist. Aus dem toten Leben wurde ein erfülltes, lebendiges Leben. Er hat diese Veränderung herbeigeführt und tief im Innern die Menschen verändert. Und das wirkte weiter und wurde in einem wunderbaren Zeichen den Menschen auch äußerlich zugesprochen, nämlich in der Taufe. Das Alte wird abgewaschen, darf untergehen, damit das neue Leben wachsen und reifen kann. Dieses Lebensgefühl, das die ersten Christen im Anschluss an ihre Taufe erfüllt hat, gilt nicht nur in diesen ersten Tagen. Es gilt auch für uns heute. Gott macht lebendig, er hat uns mit auferweckt, mit eingesetzt im Himmel, so dass die dunklen Erfahrungen des Hier und Jetzt wohl da sind, aber längst ihre Kraft verloren haben.

Nicht sie haben das Sagen, sondern das, was Gott in Christus für uns getan hat. Und das, was Gott getan hat, ist etwas, was wir nicht selber herstellen können. Gott ist uns gnädig, nicht, weil wir uns das erarbeitet oder verdient hätten: Der Predigttext sagt: *„...Aus Gnade seid ihr selig geworden aus Glauben. Gottes Gabe ist es, nicht aus Werken, damit sich nicht jemand rühme."* Der Pharisäer in unserer Schriftlesung irrt, wenn er meint, sich durch fromme Handlungen Gnade verdienen zu können. Auch wir heute können leicht diesem Irrtum aufsitzen. Auch wir sind keine Menschen, die es aufgrund ihrer Verdienste und Leistungen verdient hätten, dass Gott uns nun beschenken müsste, denn *„Gott hat die Werke zuvor bereitet, dass wir darin wandeln sollen."* Was heißt das für uns und unser Leben, unseren Alltag? Ganz bestimmt nicht, dass wir uns auf die faule Haut legen und den lieben Gott einen guten Mann sein lassen sollen, weil wir unseren Lohn vorab schon bekommen haben. Die Fähigkeiten und Möglichkeiten, die uns Gott geschenkt hat, sollen wir einsetzen, in die Welt hinaus gehen und mit anderen dieses Geschenk teilen. Wo Jesus Christus zur Ausrichtung des Lebens wird, da wird der Blick in die Welt ein anderer. Die Werke der Liebe, die Gott in Christus vorbereitet hat, sollen zu jeder Zeit neu für die Menschen sichtbar werden. Sie wollen weitergegeben werden, auf dass die Liebe sich ausbreitet und das Angesicht der Welt verändert. Die Menschen sollen spüren, dass allein diese Kraft der Welt Heil und Leben bringt:
Das kann das freundliche Wort zum Nachbarn sein, mit dem ich vielleicht schon lange nicht mehr geredet habe. Das kann die tröstende Umarmung sein, wenn jemand trauert. Das kann auch das Eis sein, das Sie Ihrem Kind kaufen. Und das nicht, weil sich die Menschen, denen wir etwas Gutes getan haben, das verdient haben oder wir glauben, sie damit zu irgendetwas bewegen zu können. Sondern einfach, weil wir sie lieb haben. So wie Gott uns lieb hat.
Gott hat uns geschaffen, dass wir sein Werk weiterführen, nach seinem Vorbild, das er in Jesus Christus gegeben hat. Wir sollen handeln und leben, um so seine Barmherzigkeit und Güte in der Welt darzustellen. Dazu hat er uns lebendig gemacht. Dazu hat er uns zu einem neuen Leben erweckt und uns eingesetzt im Himmel mit Christus, damit eben viele daran teilhaben können. Wir sind geschaffen zu guten Werken. Das ist unser Lebenszweck, dass wir auf Gottes Wegen das wahre und ewige Leben finden. Die Kraft dazu kommt von Ihm.

Und der Friede Gottes, der höher ist als all unsere Vernunft, bewahre darum unsere Herzen und Sinne in Christus, Jesus. Amen.

20. Sonntag nach Trinitatis; Predigttext: 1. Thess 4, 1-8

Der Predigttext für den heutigen Sonntag ist ein Ausschnitt aus dem 1. Brief des Paulus an die Thessalonicher im 4. Kapitel (1-8):

Weiter, liebe Brüder, bitten und ermahnen wir euch in dem Herrn Jesus - da ihr von uns empfangen habt, wie ihr leben sollt, um Gott zu gefallen, was ihr ja auch tut -, dass ihr darin immer vollkommener werdet.
Denn ihr wisst, welche Gebote wir euch gegeben haben durch den Herrn Jesus.
Denn das ist der Wille Gottes, eure Heiligung, dass ihr meidet die Unzucht
und ein jeder von euch seine eigene Frau zu gewinnen suche in Heiligkeit und Ehrerbietung,
nicht in gieriger Lust wie die Heiden, die von Gott nichts wissen.
Niemand gehe zu weit und übervorteile seinen Bruder im Handel; denn der Herr ist ein Richter über das alles, wie wir euch schon früher gesagt und bezeugt haben.
Denn Gott hat uns nicht berufen zur Unreinheit, sondern zur Heiligung.
Wer das nun verachtet, der verachtet nicht Menschen, sondern Gott, der seinen Heiligen Geist in euch gibt.

Herr, öffne uns die Ohren und das Herz, dass wir dein Wort hören in den menschlichen Worten, die dich bezeugen. Amen.

Liebe Gemeinde,
zwei Jahre ist es ungefähr her. Im Konfiunterricht an meinem Arbeitsplatz in der Kirchengemeinde Werdorf nahm ich das Glaubensbekenntnis durch. Die Jugendlichen sollten es zunächst lesen und spontan grün unterstreichen, was sie wirklich glauben, blau, was sie verstehen und rot, was sie nicht verstehen. Die meisten unterstrichen in der Rubrik „nicht verstehen“: *Gemeinschaft der Heiligen*. „Wer issen das?“ – wollten sie wissen. Ich antwortete ihnen: „Wir alle.“ – Großes Gelächter und Unverständnis. – „Gemeinschaft der *Schein*heiligen vielleicht, aber bestimmt nicht der Heiligen“ grölten sie los. Wie ist es mit Ihnen / Euch, hier in Sichertshausen / Bellnhausen? Sind Sie / bist Du eine Heilige / ein Heiliger? Von *Heiligung* ist im heutigen Predigttext die Rede. Für uns heute ein Wort, das nicht gerade zum alltäglichen Sprachgebrauch gehört. Aber im Gottesdienst kommt dieses Wort öfters vor: Im Glaubensbekenntnis bekennen wir uns zur „heiligen christlichen Kirche“ und zur „Gemeinschaft der Heiligen“. In der Taufe werden wir mit Gottes Heiligem Geist beschenkt. Im Abendmahl ehren wir Gott mit dem Lobgesang der Engel: „Heilig, heilig, heilig ist

der HERR Zebaoth, alle Lande sind seiner Ehre voll", und im Vaterunser bitten wir „dein Name werde geheiligt".

Alles fromme Worte, so könnte jetzt jemand einwenden. Nehmen wir sie im Alltag ernst? Fremde Kirchenworte – sind sie für das wirkliche Leben nicht ungeeignet? Und ist es nicht so, dass manche unter uns den Abschnitt aus dem 1. Thessalonicherbrief wie eine Moralpredigt gehört haben, gleichsam mit erhobenem Zeigefinger? Da ist von Unzucht die Rede und von Handelsgeschäften. Verdirbt die Kirche nicht von der Kanzel aus den Spaß und die Lebensfreude? – Keine Angst. Mir liegt es fern, eine Moralpredigt zu halten und „abgekanzelt" wird hier auch niemand! Das hat auch Paulus nicht getan. Ihn verbindet mit den Menschen in Thessalonich ein herzliches und harmonisches Verhältnis. Er erinnert sie an seine Predigt, die ihnen helfen soll, den Alltag zu bestehen. Gleichzeitig bittet er die Gemeinde, in dem Bemühen, den Willen Gottes zu erfüllen, nicht nachzulassen. *„Das ist der Wille Gottes, eure Heiligung"*, betont er. Hier geht es nicht um Schuldzuweisungen und Vorwürfe, sondern Dankbarkeit prägt den Stil dieses Briefes. Wenn es also nicht um Moral mit erhobenem Zeigefinger geht, was ist dann in diesem Zusammenhang *Heiligung*? – Was Heiligung im Alltag bedeutet, entfaltet Paulus an zwei Beispielen: Am Zusammenleben von Mann und Frau und dem Handel, der den Bruder (und ich füge hinzu: die Schwester) übervorteilt.

Paulus geht es um ein christliches Profil. Es kann für ihn nicht sein, dass jeder so lebt, wie es ihm gefällt und er lustig ist. Der Lebenswandel der Christen hat sich für ihn an den Geboten, die durch Jesus Christus gegeben sind, auszurichten. Darum schließt diese Einstellung so manche Verhaltens- und Lebensweise aus. Insbesondere hat Paulus hier die Sexualität des Menschen im Blick und spricht zunächst von der Beziehung zwischen Mann und Frau und sagt: *„Meidet die Unzucht."* - Er tut damit eigentlich nichts anderes, als das 6. Gebot ins Gedächtnis zu rufen, in dem es heißt: *„Du sollst nicht ehebrechen!"* Und wenn ich dazu noch Martin Luthers Erklärung zu diesem Gebot hinzuziehe wird deutlich, wie nah sich die beiden Theologen sind – über 15 Jahrhunderte hinweg: „Wir sollen Gott fürchten und lieben, dass wir keusch und zuchtvoll leben in Worten und Werken und in der Ehe einander lieben und ehren."

Es geht darum, dass Mann und Frau, sich mit Respekt und Achtung, mit Liebe und Fürsorge begegnen und den jeweiligen Partner nicht zum Objekt der sexuellen Begierde herabwürdigen. Meines Erachtens ermutigt der Text dazu, die eigenen Bedürfnisse und Triebe zu erkennen und verantwortungsvoll auszuleben: ohne die Würde und Ehre eines anderes Menschen zu verletzen oder zu missachten. Liebe bedeutet, zu spüren, und sich immer wieder bewusst zu machen, dass dem ICH ein gleichberechtigtes DU gegenübersteht. Weiterhin geht es aber auch um den eigenen Leib und wie wir ihn wahrnehmen, mit ihm umgehen. Paulus sagt an einer anderen Stelle (1. Korinther 6, 19): *„Wisst ihr nicht, dass euer Leib der Tempel des Heiligen Geistes ist, der in euch* *wohnt, den ihr von Gott habt, und dass ihr nicht euer selbst seid?"* Ich denke in diesem Zusammenhang an die Menschen, die eine sexuelle Befriedigung oder was auch immer zum Beispiel in einem Bordell suchen und frage mich dann: denken diejenigen eigentlich an ihren Leib, ihren Körper, was sie ihm und anderen Leibern antun? Mal ganz zu schweigen von AIDS und Geschlechtskrankheiten, die „Mann/Frau" sich einfangen können: Gott hat uns unser Leben und einen Körper dazu geschenkt. Paulus sagt, Gott belebt uns, wirkt in uns und durch uns. Gottes Liebe hat Einzug in unseren Leib gehalten. Gott will uns so nahe sein. Er ist zu uns gekommen und hat sich bei uns einquartiert. Damit gehören wir ihm ganz. Wir sind heilig. Unsere Körper sind heilig. Jeder Körper enthält die Fülle göttlichen Lebens. Also geht auch pfleglich damit um. Paulus spricht in unserem Predigttext aber noch eine andere Dimension unserer Beziehungen an: Es sind unsere geschäftlichen Beziehungen. *„Niemand gehe zu weit und übervorteile seinen* ***Bruder*** (und ich füge ein: *seine Schwester*) *im Handel."* Habgier, den anderen übervorteilen – im privaten Bereich oder im großen Stil in der Wirtschaft -, spielt damals wie heute immer noch eine Rolle. Hier geht es um das aktive und das willentliche Tun, mit dem wir andere schädigen, herabsetzen und ihnen nehmen, was eigentlich ihnen gehört. In unseren privaten, von Vertrauen geleiteten Beziehungen geht es um Respekt und Liebe. Aber es gibt auch noch andere Beziehungen und in denen geht es vor allem um Fairness, die sehr wohl auch Respekt beinhaltet. Ich denke daran wenn Eltern Besitz an ihre Kinder übergeben. Da heißt es dann schon mal: „Na, habt ihr schon geteilt oder seid ihr euch noch einig?" Oftmals wird da nicht nur übervorteilt, sondern gnadenlos abgerechnet. Und oft gehen die leer aus, die sich gekümmert haben. Wer wartet am Sonntagmorgen nicht auf die Zeitung mit den vielen Werbeblättchen, sucht das Schnäppchen – egal wo es hergestellt ist, egal wie die Arbeitsbedingungen in diesem Laden sind? Wer kauft nicht die Milch, die 30 Cent billiger ist als die faire Milch, wohl wissend, dass mit der billigen Milch die Milcherzeuger übervorteilt werden. Ich denke dabei an *Fair Trade*, an fair gehandelte Produkte, an den Weltladen. Er steht dafür, dass die Produzenten in den sogenannten Dritte-Welt-Ländern einen fairen und langfristig verlässlichen Preis bekommen, damit die Armut zur Vergangenheit gehört.

Wir Kunden haben es in der Hand, diese Politik mit unserem Kaufverhalten zu unterstützen. Freilich: das ist etwas teurer – aber ein gerechteres Leben sollte uns teuer sein. Bei Veranstaltungen unserer Kirchengemeinde wird übrigens seit einiger Zeit nur noch fair gehandelter Kaffee und faire Milch ausgeschenkt.

Liebe Schwestern und Brüder, Paulus will mit seinen Ermahnungen, mit seiner Bitte, deutlich machen: wer in sexueller Freizügigkeit lebt, andere übervorteilt und habgierig ist, wer so lebt, lebt immer auf Kosten anderer und wendet sich von Gott ab. Der Wille Gottes ist jedoch unsere Heiligung, meint, wir sollen unser selbstsüchtiges Denken, Fühlen und Handeln aufgeben.

Nächstenliebe üben, was auch beinhaltet, sich selbst zu lieben, sich anzunehmen, und in Verantwortung vor Gott leben. *„...dass ihr darin immer vollkommener werdet."*

Am Ende des Predigttext-Abschnittes heißt es schwarz auf weiß:

„Gott hat uns nicht berufen zur Unreinheit, (bedeutet letztlich gegen Gottes Gebote handeln) *sondern zur Heiligung* (also, dass wir in Gottes Sinn handeln und denken)". Es ist also von einem Ruf die Rede, einem Anruf, der gehört werden möchte von unserem Verstand, von unseren Sinnen, von unserem Körper, vor allem aber von unserem Herzen. Gott ruft uns zur Ordnung, zu seiner Ordnung – und wir versuchen zu antworten mit unserem Leben demgegenüber wir mit heiligem Respekt begegnen mögen. Bedürfnisse und Begierden gehören zu unserem Leben dazu. Sie sind an sich auch nicht schlecht. Sie helfen uns zu überleben und das Leben auch mit Lust und Freude zu leben. Aber dieses natürliche Begehren kann umschlagen in einen rücksichtslosen Zugriff auf Kosten anderer.

Und damit kehre ich zum Anfang meiner Predigt zurück und frage Sie und Euch noch einmal: sind Sie / bist Du ein Heiliger / eine Heilige? Ich möchte uns alle hier an dieser Stelle ermutigen, im Bemühen Gottes Willen zu erfüllen nicht nachzulassen. Wir sollen und können uns weiterentwickeln, vollkommener werden. Sicher wird es auch Rückschritte geben, aber auch im Scheitern sind wir bei Gott aufgehoben.

Und der Friede Gottes, der höher ist als all unsere Vernunft, bewahre darum unsere Herzen und Sinne in Christus, Jesus. Amen.

Buß- und Bettag; Predigttext: Römer 2, 1-11

Der Predigttext für heute ist ein Ausschnitt aus dem Brief des Paulus an die Römer im 2. Kapitel (1-11):

Darum, o Mensch, kannst du dich nicht entschuldigen, wer du auch bist, der du richtest. Denn worin du den andern richtest, verdammst du dich selbst, weil du ebendasselbe tust, was du richtest.
Wir wissen aber, dass Gottes Urteil recht ist über die, die solches tun.
Denkst du aber, o Mensch, der du die richtest, die solches tun, und tust auch dasselbe, dass du dem Urteil Gottes entrinnen wirst?
Oder verachtest du den Reichtum seiner Güte, Geduld und Langmut? Weißt du nicht, dass dich Gottes Güte zur Buße leitet?
Du aber mit deinem verstockten und unbußfertigen Herzen häufst dir selbst Zorn an auf den Tag des Zorns und der Offenbarung des gerechten Gerichtes Gottes,
der einem jeden geben wird nach seinen Werken:
ewiges Leben denen, die in aller Geduld mit guten Werken trachten nach Herrlichkeit, Ehre und unvergänglichem Leben;
Ungnade und Zorn aber denen, die streitsüchtig sind und der Wahrheit nicht gehorchen, gehorchen aber der Ungerechtigkeit;
Trübsal und Angst über alle Seelen der Menschen, die Böses tun, zuerst der Juden und ebenso der Griechen;
Herrlichkeit aber und Ehre und Frieden allen denen, die Gutes tun, zuerst den Juden und ebenso den Griechen.
Denn es ist kein Ansehen der Person vor Gott.

Herr, öffne uns die Ohren und das Herz, dass wir dein Wort hören in den menschlichen Worten, die dich bezeugen. Amen.

Liebe Gemeinde,
haben Sie schon mal überlegt, wie oft Sie sich am Tag entschuldigen? *Entschuldigung*, können sie mir sagen wie viel Uhr es ist? *Entschuldigung*, dass ich sie unterbreche. *Entschuldigung*, dass ich zu spät komme. Es hat sich irgendwie eingebürgert, dass wir uns entschuldigen, wenn wir das Wort ergreifen, wenn wir jemanden unterbrechen oder mit jemandem zusammenstoßen. Diese Art von Entschuldigung ist eine höfliche Umgangsform, jedoch meist flapsig genuschelt. Wenn jemand einem anderen etwas angetan hat, durch Worte oder Taten weh getan hat, ist es gut, ehrlich um

Entschuldigung zu bitten. Ich denke, jeder weiß, wie schlimm es für einen oft ist, wenn die Vergebung nach der Bitte um Ent-Schuldigung nicht gewährt wird. Da bleibt die Schuld und drückt auf die Seele wie eine schwere Last auf die Schultern. In unserer deutschen Sprache ist es aber falsch zu sagen: „Ich entschuldige mich, dass ich..." Vielmehr müsste es heißen: „Ich bitte Dich zu entschuldigen, dass ich..." Ich kann mich nämlich nicht selbst entschuldigen. Ich bitte den Betreffenden, mich zu entschuldigen. Es tönt wie ein Paukenschlag, was Paulus uns da sagt: *"Darum, o Mensch, kannst du dich nicht entschuldigen, wer du auch bist, der du richtest. Denn worin du den anderen richtest, verdammst du dich selbst, weil du eben dasselbe tust, was du richtest."* Der Bitte entsprechen, freisprechen, es wieder gut sein lassen, kann nur ein anderer, wenn er es will. Der Angeklagte kann ja nicht gut sein eigener Richter sein. Weil dies so ist, können wir uns auch nicht bei Gott für dies oder das entschuldigen, sondern nur aus der Tiefe unseres Herzens um seine Entschuldung, seine Vergebung bitten. Es gibt aber noch eine andere Art der Entschuldigung, und zwar die, die eher eine Ausrede als eine Bitte um Verzeihung ist. Einige Beispiele dazu: Ich denke daran, wenn junge Erwachsene ihren Eltern vorwerfen, sie hätten sie in ihrer Jugendzeit oft im Stich gelassen, so entschuldigen sich Eltern gerne damit, dass sie doch so viel anderes zu tun hatten. Eine Ehe scheitert. Beide Ehepartner können nun ein langes Lied ihrer eigenen Schuldlosigkeit an dieser Misere anstimmen. Wenn aber niemand die Ursache für das Scheitern war, warum gehen dann zwei Menschen auseinander? Wenn Menschen hungern und Bürger unserer Wohlstandsgesellschaft ihre Nichtbereitschaft zu helfen begründen wollen, dann verweisen sie gerne darauf, dass sie ja gar nicht wüssten, ob eventuelle Spenden überhaupt ankämen. Bei dieser Art, sich zu entschuldigen, wird eigentlich nicht erwartet, dass Schuld vergeben wird, weil auch keine Schuld, kein Fehler ein-gestanden wird. Ziel einer solchen Entschuldigung ist nicht, die Vergebung des anderen zu erbitten, sondern sich selbst herauszureden, die Schuld wegzuschieben oder zu verharmlosen. Weil es weh tut zuzugeben, dass ich etwas falsch gemacht oder etwas auf dem Gewissen habe, rede ich mich heraus, zeige zudem lieber mit dem Finger auf andere, was ja viel einfacher ist: Angriff ist ja bekanntlich die beste Verteidigung: „Was der gemacht hat ist doch viel schlimmer!" – geht leicht über die Lippen und lenkt von dem ab, was ich selbst falsch gemacht oder versäumt habe. Richten und Urteilen halten uns oft genug von effektiver Selbsterkenntnis ab. Lieber urteilen wir über andere Menschen, als mal uns selber zu betrachten. Jesus sagt dazu: *„Richte nicht, auf dass du nicht gerichtet wirst..."* (Mt 7, 1) und: *„Du Heuchler, zieh zuerst den Balken aus deinem Auge; danach sieh zu, wie du den Splitter aus dem Auge deines Bruders ziehst."* (Mt 7, 5)

Weiter spricht Paulus noch Entschuldigungen an, die sich auf vermeintliche Privilegien beziehen. Immer wieder wird Umkehr und Veränderung dadurch verhindert, dass Menschen meinen, sich besser zu verhalten oder besser bzw. etwas besseres zu sein als andere:

„Du aber mit deinem verstockten und unbußfertigen Herzen häufst dir selbst Zorn an auf den Tag des Zorns und der Offenbarung des gerechten Gerichtes Gottes." Ich denke da an den Pharisäer im Tempel, der betet: *„Ich danke dir, Gott, dass ich nicht bin wie die anderen Leute, Räuber, Betrüger, Ehebrecher oder auch wie dieser Zöllner. Ich faste zweimal die Woche und gebe den Zehnten von allem, was ich einnehme."* (Lk 18, 11-12) Der Pharisäer urteilt über andere und irrt, wenn er meint, sich durch fromme Handlungen, Gnade verdienen zu können. Zudem übersieht er seine eigene Schuld. Sicherlich findet jeder hier eigene Beispiele für ein solches Verhalten bzw. einen solchen Irrglauben. Auch wir Menschen heute meinen oftmals, dass wir uns „einen Platz im Himmel" irgendwie „verdienen" können. Paulus klärt den Irrtum auf: Der Maßstab von Gottes Gesetz gilt ohne Unterschied für alle. Vor Gott gibt es kein Ansehen der Person. Gottes Zorn trifft alle – genauso Gottes Langmut, seine Vergebung. Jeder ist gemeint. Wirklich entschuldigen mit gutem Lebenswandel, guten Werken oder guten Gedanken kann sich keiner. Aber jeder darf dankbar auf die Vergebung vertrauen, die Er gewähren will. Und aus dieser Dankbarkeit heraus auch die Kraft gewinnen, auch unangenehme Wege zu gehen, um Entschuldigung zu bitten. Gerade dort, wo es ganz besonders weh tut. Bei den Menschen, die ich sowieso nicht so gut leiden kann, bei Menschen, denen ich wehgetan oder in Verruf gebracht habe. Die Bußpredigt des Paulus deckt auf, wie Menschen sich selbst zu rechtfertigen versuchen, und fordert jeden Einzelnen zur Selbstprüfung heraus. Paulus fragt: *„Weißt du nicht, dass dich Gottes Güte zur Buße leitet?"* Es gibt also einen Weg für uns, und zwar im wörtlichen Sinn in eine andere Richtung: Buße heißt Umkehr. Es ist Gottes Güte, die uns immer wieder die Buße, die Umkehr ermöglicht. Das bedeutet: Vertrauen in seine Gnade bewegt zur Umkehr: erkenne Gottes Güte, die dich zur Umkehr treibt. Veranschaulicht wird dies an dem Gleichnis vom verlorenen Sohn:

Der jüngere Sohn verlangt von seinem Vater sein Erbteil. Sobald er sein Geld erhält, verlässt er seinen Vater und verprasst es. Zum Bettler herabgesunken, verdingt er sich als Schweinehirte und hungert dabei so, dass er reumütig zum Vater zurückkehrt, um sich zu seiner Sünde zu bekennen und ihn um eine Stelle als Tagelöhner zu bitten. Der Vater ist so froh über die Rückkehr des Sohnes, dass er ihn festlich einkleidet und für ihn ein großes Fest veranstaltet.

Der Sohn hat seine Schuld erkannt, ist umgekehrt und hat seinen Vater um Ent-Schuldigung gebeten. Er hat die Kurve gekriegt. Und wir können sie auch kriegen: Es rettet uns nicht, dass wir andere schlecht machen, um selbst gut dazustehen; es rettet uns auch nicht, dass wir uns einbilden, irgendwelche Bonuspunkte bei Gott zu haben – das ist alles leerer Trug. Nein, nur Buße rettet uns, nur Umkehr. Wir müssen eingestehen, dass wir Gottes Schuldner sind und die Schulden nicht aus eigener Kraft begleichen können.

„Du kannst dich nicht entschuldigen", sagt Paulus. Aber Gott kann und will es, dich und mich ent-schuldigen, wenn wir ihn darum bitten, wenn wir umkehren.

Der heutige Buß- und Bettag erinnert uns an die Güte Gottes, und ist eine von ihm gewährte Chance zur Umkehr. Wir können umkehren auf einen anderen Weg und damit unserem Leben eine neue Richtung geben. Um es mit den Worten der diesjährigen Aktion zum Buß- und Bettag zu sagen: „Worauf wartest Du?“

Und der Friede Gottes, der höher ist als unsere Vernunft, bewahre darum unsere Herzen und Sinne in Christus, Jesus.
Amen

Printed by Books on Demand GmbH, Norderstedt / Germany